엄마의
마음은
눈물로 자란다

엄마라서 다행이다
정말 감사하다

엄마의 마음은 눈물로 자란다
엄마라서 다행이다 정말 감사하다

1판 1쇄 발행 2020년 5월 10일

지은이 옥복녀
펴낸이 이성범

책임편집 양성숙
경영관리 김윤옥　　　　**마케팅** 곽순식
제작진행 이화석　　　　**인쇄** 우일프린테크
펴낸곳 도서출판 타래

주소　(07202)서울시 영등포구 양평로30길 14, 911호(양평동6가 세종앤까뮤스퀘어)
전화　(02)2277-9684,5
팩스　(02)323-9686
전자우편　taraepub@nate.com
홈페이지　www.taraepub.com
출판등록　제2012-000232호

ISBN 978-89-8250-127-2 03810

ⓒ 옥복녀, 2017

- 이 책의 인세는 장대현지역아동센터 저소득층자녀들과 부모교육 지원사업에 전액 기부됩니다.
- 값은 뒤표지에 있습니다.
- 파본은 구입한 서점에서 교환해 드립니다.

엄마의 마음은 마음은 눈물로 자란다

엄마라서 다행이다
정말 감사하다

옥복녀 지음

도서출판**타래**

프롤로그
괜찮아, 엄마 되어도

"엄마, 나 임신했어!"

순간 멍했습니다. 참 이상했습니다. 별로 기쁘지 않았습니다. 세상 모든 엄마들은 딸아이가 임신했다는 소리를 들으면 모두 기뻐서 펄쩍펄쩍 뛰는 줄만 알았습니다. 저는 그러지를 못했습니다. 엄마가 된다는 게 어떤 의미인지 잘 알고 있기 때문일 겁니다. 그 묵직한 무게를 딸이 감당해야 한다고 생각하니 안타깝고 애처롭다는 생각이 먼저 들었습니다. 조금 더 철이 들고 세상을 알게 되었을 때 엄마라는 직책을 감당하면 덜 힘들 것 같은 생각이 들었습니다. 그래서 마냥 기뻐할 수가 없었습니다.

딸이랑 한참이나 전화통을 붙들고 훌쩍거렸습니다. 너무나 감동스러워서 울고, 또 안타깝고 애처로워서도 울었습니다. 딸은 연신 제게 고맙다고 말합니다. 엄마가 되는 순간, 자신을 한 생명으로 태어나게 해 준 엄마라는 존재가 있다는 사실이 경이로운가봅니다. 소중하게 와 닿았나 봅니다.

이렇게 우리는 '엄마'라는 이름으로 공통분모를 갖게 되었습니다. 참 신기합니다. 딸이 엄마가 된 사실만으로도 왠지 듬직해 보이고 뭔가 생각이 깊어진 것 같고 어른이 된 것 같은 느낌이 듭니다. 좋아하던 커피도 아이를 위해서 안 마신다고 합니다. 과일 알레르기가 있어서 과일을 싫어했는데 먹을 수 있는 수박, 참외로 매일 챙겨 먹습니다. 미운 말, 미운 생각하면 아이가 다 듣고 느낀다고 조심합니다. 매일 배를 쓰다듬으며 아이의 이름을 불러주고 태담을 들려줍니다. 이 모습이 얼마나 아름다운지요!

이 아름다운 모습을 지켜주고 싶습니다. 아이가 태어나도, 엄마로 살아도 행복하게 사는 방법이 있다고 가르쳐 주고 싶습니다. 부딪히고 깨어져야 더 많이 성숙하고 성장하는 건 맞습니다. 하지만 부서지지 않도록 도와주고 싶습니다. 제가 더듬거리며 걸어온 방법을 알려준다면 조금은 도움이 되지 않을까요. 취사선택은 물론 딸의 몫이지만요.

"결혼하고 아이를 낳지 않고 사는 것도 괜찮을까요?"

부모 교육을 할 때마다 매번 손을 들게 하면서 확인해 보는 질문입니다. 처음에 이 물음을 던지면서 혹시 한 명쯤 손을 들 수도 있겠다 싶었습니다. 웬걸요, 반수 이상이 손을 들었습니다. 제 눈을 의심했습니다. 갈수록 손을 드는 사람이 많아지고 있습니다. 나이가 더 어린 여성들일수록 아이를 안 낳겠다는 사람이 많습니다.

실제 조사에서도 한국 미혼여성 10명 중 4명이 '결혼해도 아이를 낳지 않겠다.'고 답한다고 합니다(2016.8.11, JTBC 자료). 경제적 부담, 직장생활하면서 아이를 돌봐야 하는 부담이 크기 때문이라고 말합니다. 부모교육에 참여한 엄마들의 말을 들어보면 아이 키우는 게 너무나 힘든 일이라서 아이를 낳고 싶지 않다고 말합니다. 아이를 어떻게 키워야 하는지도 모르겠고 노력해도 잘 되지 않을 때가 많다고 합니다. 심지어 자신의 삶이 너무나 황폐화된다고도 말합니다. 차라리 아이 낳지 않고 사는 게 더 행복하겠다는 결론에 도달하게 된다고 합니다. 사람은 행복하게 살고 싶기 마련인데, 전혀 행복하지 않다면 선택할 이유가 없잖아요.

한국의 출산율이 낮아지고 있는 이유는 외부적인 요인이 큽니다. 그런데 제가 만나본 엄마들은 '내가 과연 육아를 잘 할 수 있을까?' 하는 부담감을 더 크게 갖고 있었습니다.

가보지 않은 길은 두렵습니다. 어떤 길인지 예상이 되지 않아서 불안하고 무섭습니다. 육아의 길도 마찬가지일 겁니다. 전혀 다른 세상입니다. 경험해 보지 않은 미지의 세계입니다. 용기와 설렘만으로 맞이하기는 엄마가 감당해야 할 몫이 너무나 큽니다. 쓰나미처럼 몰려와 삶을 송두리째 삼킬지, 출렁이는 물결에 몸을 맡기고 나아갈지는 엄마의 몫입니다.

저는 제 딸을 비롯해 이 땅의 많은 여성들이 육아가 자신을 목적지까지 데려다 줄 출렁이는 물결이었음을 느낄 수 있도록 도와주고 싶습니다. 사실 저에게는 엄마가 될 딸들을 돕고 싶은 간절한 이유가 있습니다. 첫 책에서 밝혔지만 저는 딸아이를 낳아놓고 '가짜 부모'의 삶을 살았습니다. 남편을 일찍 떠나보내고 알코올 중독자, 심한 우울증 환자의 삶을 살았던 때가 있었습니다. 엄마가 가장 필요한 시기에 그 역할을 전혀 하지 못했습니다. 기본적인 양육도 해 주지 못했습니다.

그럼에도 불구하고 제 딸은 참 잘 자라주었습니다. 엄마가 그렇게 잘 못했는데도 엄마의 딸로서 자랄 때가 가장 행복했다고 말해 줍니다. 자기도 엄마 같은 엄마가 되고 싶다고 말해 줍니다. 아이에게 행복을 주는 그런 엄마가 되고 싶다고 말합니다.

딸의 진심에 엄마라는 제 이름을 다시 돌아보게 되었습니다. '엄마'라는 단어를 빼놓고는 제 삶을 정의하기가 어렵습니다. '엄마'라는 자리는 저를 한 인간으로서 엄청난 성장을 가져다주었습니다. 그래서 아이를 낳아 기르는 삶, 엄마로서의 삶을 살아보겠다고 선택한 제 딸을 엄마로서 돕고 싶습니다. 응원과 격려를 보내고 싶습니다. 내가 알고 있는 삶의 노하우를 아낌없이 전해 주고 싶습니다. 그 애틋한 마음으로 이 책을 시작하게 되었습니다.

이 책은 딸과 세상 모든 엄마들에게 전하는 맞춤 엄마공부입니다. 왜 맞춤 공부냐 하면, 지금까지 딸아이를 키웠던 경험, 27년 교사생활 동안 아이들을 가르쳤던 경험, 그리고 부모교육 강사로 연구했던 것들을 바탕으로 엄마들이 꼭 알아야 하는 내용을 정리했기 때문입니다. 가장 핵심적인 것은 감정, 놀이, 독서인데, 이 세 가지만 잘 실천해도 육아는 그렇게 어려운 일이 아닙니다. 아이가 잘 자라고 부모도 행복해질 수 있습니다. 하지만 이 셋 중 한 가지도 실천하지 못한다면 육아의 많은 부분을 잃게 될 것이라고 강력하게 말해주고 싶습니다. 그래서 맞춤공부입니다.

책의 처음과 마지막에는 제가 살면서 느낀, 제 삶의 철학이라 할 만한 것들을 담았습니다. 육아서를 철학서라고 말하는 것에 깊이 공감합니다. 결국 나 자신으로서 성숙된 삶을 살아야 엄마, 아내의 역할도 제대로 할 수 있다고 생각합니다.

또한 이 책에 등장하는 여러 사례들은 실제 제가 겪거나 들은 이야기이지만, 인물들의 이름은 모두 가명이고 상황도 바꾸었습니다. 아이를 키우는 엄마들에게 도움이 되고자 담아본 것입니다. 눈에 넣어도 안 아픈 제 딸이 마음고생 하지 않고, 아이를 키우면서 더 행복하게 살아가는 모습을 보고 싶습니다. 이 땅의 딸을 둔 모든 엄마들의 간절한 바람일 것입니다.

엄마 되어도 괜찮으니 걱정 말라고 말해주고 싶습니다. 엄마 되어 힘들어 하고 있는 엄마들에겐 목마름을 해결해 주는 샘물 같은 책이고 싶습니다. 나아가 세상 모든 부모들에게 행복한 부모의 길을 응원하는 비책이고 싶습니다. 곧 엄마가 될 제 딸, 그리고 엄마가 될 세상의 모든 엄마들이 행복한 엄마의 길을 기꺼이 선택했으면 좋겠습니다. 그 길을 내내 응원할 겁니다.

"괜찮아, 엄마 되어도."

CONTENTS

프롤로그 005

PART 1
임신은 엄마로 태어나는 순간!

엄마된 것 축하해! 017
쉽게 키우면 쉽게 자라고, 어렵게 키우면 어렵게 자라고 022
아이는 자라고 엄마는 성장하고 027
부모 뜻대로가 아니라 아이 뜻대로 033
오늘의 행복이 내일의 성적 040
헤픈 여자로 해피하게 047
자화만사성(自和萬事成)이 가화만사성(家和萬事成) 053
모성은 정성이다 060
딸에게 쓰는 편지 064

PART 2
감정 챙겨주는 엄마 되기

소통, 감정을 주고받는 일 069
결국엔 엄마가 답이다 076
아빠, 감정을 만나다 081
마주하고 손잡고 안아주고 087

아이 자존감의 비밀, 감정 읽어주기 092
도움을 요청하는 대화의 기술 099
감정의 복리 저축, 감사의 나 전달법 103
둘 다 Win-Win 해야 최고의 소통 107
마음 밭에 감정씨앗을 뿌리자 113
딸에게 쓰는 편지 118

PART 3
잘 노는 아이가 제대로 큰다

놀이=행복 123
놀이로 세상을 배운다 128
엄마, 아빠 제발 놀아주세요! 137
진짜 놀이와 가짜 놀이 146
제대로 놀아야 제대로 성공한다 154
삶을 창의하도록 허(許)하라 161
딸에게 쓰는 편지 168

PART 4
책 읽는 아이가 세상을 가진다

최고의 도서관은 부모 173
왜 하필 독서습관? 179
읽어주면 읽게 된다 185
언제부터, 언제까지 읽어줄까? 190

내 아이 독서습관 노하우 197
초보 엄마들의 "독서가 궁금해요" 205
독서만 챙겨도 훌륭한 부모다 212
책 읽는 부모가 최고의 모델이다 216
딸에게 쓰는 편지 220

PART 5

가장 사랑하는 사람이 너 자신이길!

엄마란 행복의 또 다른 이름이다 225
엄마 동지로 '성장 배틀' 어때? 233
삶이랑 열애하며 239
꿈을 임신해 봐 244
엄마 경력은 초강력 스펙 249
내 인생은 나의 것, 우리의 것 254
매일 감사, 평생 감사하며 260
삶을 축제의 한판으로 265
딸에게 쓰는 편지 272

에필로그 275

PART 1

임신은 엄마로 태어나는 순간!

엄마된 것 축하해!

"아라 어머니, 축하드립니다!"

저는 아직도 이 날을 잊을 수 없습니다. 딸의 시어머니에게서 이런 문자가 온 것입니다.

'무슨 일이지? 혹시 우리 딸이…?'

제 예상이 맞았습니다. 조금 있으니 전화가 왔습니다.

"엄마, 나 임신 했어!"

딸의 말을 듣고 눈물이 왈칵 쏟아졌습니다. 딸도 따라서 웁니다. 그렇게 우리는 한참이나 서로의 마음을 눈물로 교환했습니다. 말로는 표현할 수 없는 감동과 감사의 눈물이었습니다.

"딸아, 엄마된 것 축하해!"

저는 훌쩍이며 축하한다는 말을 전했습니다.

"엄마, 엄마는 나를 갖고서 입덧도 심했다면서…. 힘들었을 텐데 잘 견뎌 주어서 고마워."

입덧을 하기 시작한 딸은 갑자기 철이든 마냥 엄마에게 고맙다는 말을 전합니다. 제가 딸을 임신하고 낳기 직전까지 입덧이 심했다는 사실을 알고 있던 터라, 그게 새삼스레 와 닿나 봅니다.

이렇게 전 예비할머니가 되었습니다. 솔직히 엄청나게 기쁠 줄 알았습니다. 그런데 반반 마음이었습니다. 행복한 마음 반, 걱정되는 마음 반입니다. 딸은 시댁 어른들이 너무나 좋아하신다고 말했습니다. 아마 그랬을 겁니다. 제가 시어른이라도 마찬가지였을 테니까요. 하지만 전 친정엄마입니다. 여자에게 임신이란 게 어떤 의미인지, 그 길이 쉬운 길이 아니란 걸 너무나 잘 알고 있습니다.

딸은 빨리 결혼하고 싶다고 늘 입버릇처럼 말했습니다. 엄마처럼 젊은 나이에 아이를 낳아서 키워보고 싶은 게 빨리 결혼하고 싶은 이유의 큰 부분을 차지했습니다. 하지만 저는 좀 늦게 해도 된다고 많이 말렸습니다. 결혼을 하면 아이를 빨리 낳을 것 같아서 말리고 싶었습니다. 엄마라는 그 힘든 길을 딸아이가 왜 그렇게 빨리 가고 싶어 하는지 이해할 수 없었습니다. 물론 힘든 일만 있는 것은 아니지만 이왕이면 조금 늦게 경험하게 하고 싶었습니다.

그러더니 세상에! 딸은 결혼식장에서 세 아이의 엄마가 되겠다고 선언해 버렸습니다.

"당신의 치명적인 눈웃음과 다부진 몸매를 닮은 아이 셋을 순풍순풍 낳아 하나님의 자녀로 바르고 건강하게 사랑으로 잘 양육하겠습니다."

결혼식 때 성혼선언문 낭독이라는 것이 있었습니다. 제 딸이 미국에서 목사님의 주례 하에 결혼식을 올렸는데, 신랑과 신부는 본인이 직접 작성한 성혼선언문을 식장에서 읽었습니다. 거기서 딸아이는 아이 셋 낳아서 잘 양육하겠다는 선언을 한 것입니다.

설마설마했는데 이렇게 세상에 큰 소리로 고할 줄이야! 그 말을 듣는 순간 이게 뭔 소리인가 싶었습니다. 깜짝 놀랐죠! 딸이 아이를 빨리 낳고 싶어 했지만 세 명이나 낳을 생각을 하는 줄은 정말 몰랐거든요. 감쪽같이 엄마를 속이다니! 솔직히 배신감도 들었습니다.

'왜 하필 세 명이야?'

'혹시 우리 딸이 아빠 없이 혼자 자라면서 많이 외로웠던 건 아닐까?'

'둘 다 외둥이로 자라면서 형제나 자매들이 많은 게 부러웠던 걸까?'

우리 사위도 외둥이로 자랐거든요. 그래서 둘이서 이런 생각을 했을지도 모르겠다는 생각이 들었습니다. 생각이 여기까지 미치니 딸이 아이를 셋이나 낳겠다고 한 마음이 조금은 이해가 되더라고요.

성혼선언문을 들으면서 시댁 어른들의 마음은 어땠는지 모르겠어요. 내심 많이 좋아하셨을지도, 어쩌면 며느리가 기특했을지도 모릅니다. 그러나 전 딸아이의 엄마로서 마음이 무척 불편했어요. 나도 모르게 손가락을 꼽아보고 있더라고요. 29세에 첫 아이를 낳는다고 가정했을 때 2~3년 터울로 낳아도 세 명을 낳으려면 35세 이상, 유치원 정도 보내는데도 꼬박 10년 이상의 세월이 걸립니다. 최소한으로요. 그러면 제 딸은 마흔 살이 훌쩍 넘습니다.

"오 마이 갓!"

육아하다가 우리 딸 다 늙게 생겼습니다. 딸아이의 인생이 싹둑 잘라져 나갈 것 같아서, 자식 키우다가 폭삭 늙는 것은 아닐지, 꿈의 불씨마저 꺼져버리진 않을지, 그저 세 아이의 엄마로 늙어가는 것은 아닐지…. 생각만으로도 안타까운 마음이 들었습니다.

'엄청난 에너지가 있고 잘 하는 것도 많은데, 아이들 키우며 그냥 주저앉기는 재능이 너무 아까운데…. 이 일을 어쩌면 좋아!'

'아이 하나 낳아서 키워보면 마음이 달라질 거야. 아니야, 이러다가 정말 아이 셋을 주르륵 낳으면 어떡하지? 낳아서 감당도 못하고 힘들어 하면 어떡하지? 내가 가까이 살고 있지 않는데, 누가 이 아이들을 돌봐주지? 당장 산후 조리도 해 주러 갈 수도 없는데….'

딸이 당장 무슨 큰일을 낸 것도 아닌데, 어미의 생각은 10년 먼저 앞질러 가서 안절부절, 좌불안석하며 어찌할 바를 모르고 허둥거렸습니다.

딸이 아이의 엄마로 살아가는 것 자체를 말리고 싶었던 건 아니었습니다. 하지만 딸이 자신을 더 성장시켜 멋있게 사는 것이 더 행복한 그림 같아 보였습니다. 그 속에 세 명이든 몇 명이든 딸의 아이들이 함께 있는 건 좋은데, '세 아이의 엄마'는 있고 '우리 딸'은 없는 그런 그림은 상상하기 싫은 것이었습니다.

맞습니다. 딸아이 임신 소식에 마냥 기뻐만 할 수 없는 것이 친정엄마입니다. 손자가 아무리 사랑스러워도 내 자식 사랑하는 마음만 할까요. 내 자식 더 위해주고 싶은 마음이 앞서는 게 친정엄마의 마음입니다. 손주의 삶, 사위의 삶도 중요하지만 내 딸아이 개인으로서의 삶이 더 중요한 것이 딸의 어미입니다. 내 딸아이의 삶을 누가 훔쳐 가기라도 할까 봐 없는 볏을 곧추 세우고 "무섭지!" 하고 위협하지만, 사실 스스로가 겁먹은 초보 친정엄마입니다. 세상 모든 친정엄마들의 마음도 이와 같지 않을까요? 딸아이의 임신 소식에 기쁨 반, 걱정 반으로 잠을 못 이뤘던 때가 지금도 가끔 생각납니다.

쉽게 키우면 쉽게 자라고, 어렵게 키우면 어렵게 자라고

미국에 살고 있는 딸 주위엔 결혼한 커플들이 많이 있습니다. 그중에서 아이 셋을 키우고 있는 커플이 두 커플이나 있었고요. 다 행복하게 잘 살고 있어요. 이들을 보면서 자연스럽게 아이 셋을 키우는 게 어렵지 않을 것이라 느꼈을까요? 아이를 셋 낳고 행복하게 사는 모습을 보면서 자기도 그런 삶을 꿈꾸었을까요? 보는 거랑 직접 부딪히는 거랑은 하늘과 땅 차이인데도 말입니다.

딸은 자라면서 늘 이런 말을 했어요.

"엄마 같은 엄마가 되고 싶어."

"나도 엄마처럼 자식을 행복한 아이로 키우고 싶어."

제가 딸에게 잘해 준 것 하나도 없는데, 더욱이 한참 엄마의 손길이 필요한 시기에 엄마의 부재까지 경험하게 했는데도 말입니다. 엄마가 잘 못해 준 것은 하나도 기억 안 하나 봅니다. 뒤늦게라도 반성하고 배워서 서툴지만 하나라도 적용하려 애쓴 노력을 인정해 주나 봅니다. 제가 무조건 고마워해야 할 일이지요.

임신한 이후로 좋아하는 커피를 끊었답니다. 조금 마셔도 상관없다고 말해도 자기는 안 먹고 싶다고 하네요. 작고 여린 아기에게 커피처럼 자극적인 것을 먹이고 싶지는 않다고 말합니다. 썩 좋아하지 않던 과일도 아이 덕분에 먹게 되니 뱃속의 아이가 참 고맙습니다.

아이에게 태담을 들려주면 좋다고 말했더니 벌써 하고 있답니다. 엄마가 뭐하고 있는지, 무슨 생각을 하는지 들려준답니다. 혹시 감정이 올라오거나 흥분한 상황을 만나면 아이에게 빨리 말해서 이해시킨답니다. 차 접촉 사고가 살짝 난 적이 있었는데, 상대방이 너무 무례해서 화가 나서 흥분을 했답니다. 지나고 나서 아이에게 미안해져서 사과했답니다.

'엄마가 너무 화가 나서 그랬어. 평소 엄마는 이렇지 않으니까 이해해줘.'

엄마가 되면 호르몬의 변화 때문인지 감정의 기복이 크게 움직일 때가 많습니다. 마음이 주체가 안 되는 날이 대부분이지요. 아이에 대한 사랑의 감정도 너무 뜨거워서 아이가 마음의 화상을 자주 입을 수 있습니다. 엄마가 마음을 잘못 표현하면 아이가 다칠 수도 있다는 사실을 알게 되면서 어떻게 사랑을 줘야 할지 고민이 시작되지요. 사랑하는 마음의 수위 조절을 위한 노력인 것입니다.

아이를 사랑하는 엄마라면 누구나 반짝이는 '센스등'을 가지고 있습니다. 이것은 아이의 길을 비춰주는 역할을 합니다. 암흑 같은 길을 밝혀주는 손전등과 같지요. 센스등에 불을 밝히려면 엄마가 행복한 생각을 하면 됩니다.

센스등은 엄마라면 다 가지고 있지만 좀 더 섬세한지, 무딘지는 사람마다 차이가 있습니다. 센스등을 섬세하게 작동하게 하려면 이런 방법을 사용하면 됩니다.

먼저, 아이의 눈을 맞추어 보세요

갓난아기를 바라보는 부모는 아기의 옹알이 하나에도 신기해하고 박수를 칩니다.

"여보, 오늘은 아이가 엄마라고 했어요."
"여보, 아이가 드디어 첫 걸음을 걸었어요!"

그러다가 아이가 자라면서 부모는 조금씩 아이의 변화에 반응하지 않게 됩니다. 센스등이 무뎌지는 것입니다. 아이가 어렸을 때처럼 아이의 눈을 들여다보고 일거수일투족을 바라보세요. 센스등이 다시 반짝하고 켜질 것입니다.

걱정을 접고 믿음을 붙드세요

아기 때 그렇게 예뻐하다가 얼마나 자랐다고, 조금씩 비교를 하기 시작합니다. 누가 먼저 말을 배웠는지, 누가 먼저 걸었는지도 비교합니다. 내 아이가 또래보다 조금 늦다 싶으면 슬슬 걱정이 시작됩니다. 학교에 입학하고부터는 걱정이 아예 불안감으로 자리 잡습니다.

"너 지금 그래 가지고 나중에 대학교나 갈 수 있겠어?"

아직 열 살도 되지 않은 아이를 20, 30년 후 청년, 어른으로 봅니다. 대학도 못 가고 취직도 못해서 빌빌거리는 아이의 모습이 엄마에게 보입니다. 걱정이 만든 아이입니다.

걱정은 아이를 키워주지 못합니다. 믿음의 힘이 아이를 키웁니다. 안타깝게도 부모교육에 오시는 어머니들께 아무리 설명해도 설득이 되지 않습니다. 자꾸만 생각이 미래로 떠나기에 지금의 아이를 볼 수 없는 것입니다. 아이를 키울 때에는 지금 모습에만 초점을 맞춰야 합니다. 믿음이라는 초점으로 맞추어야 아이를 제대로 볼 수 있습니다.

마음에도 길이 있습니다. 자꾸 다녀야 길이 만들어집니다. 과거나 미래로 가려는 마음을 얼른 손잡고 당겨서 지금 여기로 데려다 놓아야 합니다. 믿음으로 길을 닦을 때 엄마의 센스등이 줄줄이 켜집니다. 환히 길을 밝혀 줍니다.

아이는 엄마가 쉽게 키우면 쉽게 자라고,
어렵게 키우면 어렵게 자란다. -≪엄마공부≫, 박혜란

저도 같은 생각입니다. 물론 육아가 힘든 날도 있지요. 한 생명을 내가 책임지고 키운다는 게 쉬운 일은 아니잖아요. 하지만 이렇게 재미있고 보람된 일은 또 없을 겁니다. 아이를 키우는 시간은 금방 지나갑니다. 그러니 그 순간을 즐기면서 내가 할 수 있는 만큼 노력하며 키우면 되는 거예요.

아이를 키우는데 너무나 용을 쓰는 엄마들이 있습니다. 완벽하게 키우려고 자신의 모든 것을 걸고 육아에 올인합니다. 아이가 마음먹은 대로 잘 자라주질 않으면 서서히 지쳐가고 죄책감에 우울해지기까지 합니다. "내가 왜 아이를 낳았을까? 다음에 태어나면 아이는 절대 안 낳을 거야."라는 말이 저절로 나온다지요.

기를 쓰지 않아도 괜찮습니다. 육아를 아이랑 함께 놀면서 배우는 삶 공부쯤으로 생각해도 좋습니다. 아이랑 함께 뒹굴고 깔깔거리고, 그러면서 아이는 자라고 엄마도 성장하고…. 이런 경험들이 비교할 수 없는 행복한 감정을 안겨주니 얼마나 재미있는 공부인가요!

육아를 아이랑 놀듯이 즐겁게 경험할 때 엄마의 센스등은 더 환히, 더 오래 엄마와 아이의 길을 비추어 줄 겁니다. 그 비춰주는 길을 따라 제 딸도 육아를 해 나가겠지요. 육아를 하면서 어떻게 재밌게 배우고 익혀갈지 기대됩니다.

딸이 엄마의 삶을 시작하는 모습을 지켜보면서 엄마로서의 제 모습도 점검해 봅니다. 평생 딸아이의 엄마로 살아가면서 배우고 깨닫는 게 참 많습니다. 앞으로도 딸과 함께 잘 놀며 진정한 삶 공부를 계속해 나아갈 겁니다. 제 딸의 영원한 엄마로 살아갈 수 있다는 게 참 좋습니다. 평생 공부하고 깨달아질 자리니까요.

아이는 자라고
엄마는 성장하고

1학년 담임을 할 때의 일입니다. 하루 종일 운동장에서 맴도는 한 엄마가 있었습니다. 아침 등교할 때 아이를 교문 앞까지 데려다 주고 집에 돌아갔다가 아이의 쉬는 시간에 맞추어 운동장에 나타납니다. 운동장 벤치에 앉아서 아이를 관찰합니다. 둘째 시간 시작종이 치면 엄마도 운동장에서 철수합니다. 다시 쉬는 시간 종이 울리면 어김없이 나타납니다. 점심시간에는 내내 운동장에 앉아 있습니다. 아이가 학교에서 마치고 집으로 갈 때까지 엄마의 '이상한 행동'은 계속됩니다. 왜 그럴까요?

"선생님, 현수 엄마가 운동장에 계속 있어요."

"선생님, 현수 엄마가 성진이를 불러서 막 혼냈어요."

이제 아시겠지요? 현수 엄마가 왜 운동장에서 그러고 있었는지를. 하루 종일 자기 자식을 지키기 위한 엄마의 결연한 몸짓이었습니다. 두 눈을 부릅뜨고 아이를 지키고 있는 겁니다. 하루 종일 그렇게요.

사랑하는 자식이 조금이라도 피해를 본다 싶으면 즉시 가시를 세웁니다. 현수 주위를 맴도는 적(?)을 관찰하다가 내 자식을 조금이라도 괴롭힌다 싶으면 바로 적을 향하여 공격합니다. 그 아이를 불러서 즉시 혼냅니다.

　"한 번만 더 우리 현수를 괴롭히면 가만 안 둘 거야."

　단단히 일러 놓습니다. 아이들은 잔뜩 겁을 먹습니다. 그 엄마가 신경이 쓰여서 현수 주변엔 아이들이 근접도 못합니다. 서서히 현수는 외톨이가 되어갑니다. 현수도 처음에는 엄마가 나타난 게 든든했는데 갈수록 아이들이 안 놀려고 하니까 속상합니다. 엄마가 신경이 쓰여서 마음 편히 놀 수도 없습니다. 그래도 엄마는 현수를 지키기 위한 행동을 계속하고 있습니다. 그것이 현수를 외톨이로 만드는 행동인지 엄마만 모르고 있습니다.

엄마의 집착이 아이의 성장을 방해한다

헬리콥터 맘이라는 말이 있습니다. 아이를 너무나 사랑해서 자신의 레이더망 안에만 두려고 하는 엄마들을 말합니다. 혹시 사랑하는 내 자식이 적(친구)으로부터 해를 당할까봐 불안하니까, 일단 자신이 볼 수 있는 안전거리 내에 아이를 넣어두어야 안심이 됩니다. 사랑하는 자식을 지키기 위한 다른 방법은 잘 모릅니다. 몰라서 더 불안할 따름이지요.

　제발 불안해하지 마세요. 사람은 그렇게 약하지 않습니다. 물론 아이가 어릴 때는 부모가 보호자의 역할을 다해야겠지요. 그러나 아이가 자라면 양육자, 훈육자로 역할이 바뀌어야 해요. 학령기가 되면 격려자로 바뀌어야 하고요. 청소년기에는 상담자가 되어야 해요. 성인기 이후는 동반자로서 살아가면 되는 거예요.

초등학생 때는 부모가 격려자가 되어야 한다고 했는데, 무슨 뜻일까요? 아이의 잠재 가능성을 믿고 아이가 스스로 할 수 있도록 기회를 주는 것입니다. 아이가 스스로 뭐라도 해낼 때 격려하고 넘어져도 다시 일어날 수 있도록 힘을 북돋아 주는 게 부모의 격려자로서의 역할인 것이지요. 일어서지도 못하는 아이를 낚아채서 끌고는 결승점을 향해 달리는 엄마는 반칙패입니다. 달리기 주자는 아이잖아요.

현수 엄마는 '잔디깎이맘'이기도 했어요. 아이에게 방해되는 장애물은 먼저 제거해 주는 거죠. 학교에서 배울 내용까지도 다 엄마가 대신해서 보냈습니다. 미술시간 만들기 준비물을 알림장에 적어주면 집에서 엄마가 다 만들어 줍니다. 아이는 학교에서 그냥 놉니다. 심심하니까 열심히 하고 있는 아이들에게 가서 집적거립니다. 아이가 스스로 할 수 있는 기회를 엄마가 아예 차단해 버립니다. 아이가 만들기를 못하면 엄마의 위신이라도 깎이는 걸까요? 엄마의 자존심은 살아있을지 모르지만, 깎여나간 아이의 자존감은 어떻게 다시 자라나게 할 건가요?

아이는 모두 영재로 태어난다고 합니다. 아이의 잠재가능성을 말하는 것이겠지요. 사람은 모두 자기 스스로 문제를 해결할 수 있는 능력을 타고 난다고 합니다. 그 능력을 발휘할 기회를 주어야지요. 친구랑 갈등이 있을 때 고민하게 기회를 줘요. 문제를 해결해 갈 때 아이가 성장하는 거잖아요. 친구가 없이 외톨이 되었을 때가 성장할 기회잖아요. 친구에게 다가가는 법을 스스로 고민할 기회가 있어야 합니다. 고민하고 행동하고 거절당하고, 다시 고민하고 행동하면서 아이는 자랍니다. 마음이 자라는 것이 성장입니다. 아이의 성장을 바란다면 아이를 엄마의 안전지대 안으로 가두지 마세요. 안전지대 밖으로 나가도록 허락해 주세요. 평생 안전지대 안에서 못 나가는 '찌질이'로 자라도 좋을까요? 어릴 때부터 천천히 안전지대 밖으로 내 보내 봐야 합니다. 나서서 싸워주기까지 하면 반칙입니다. 아이 혼자 성장하게 내버려 두세요. 사랑하는 사람에게 너무 집착하는 건 스토커라고 했어요. 결국 둘 다 상처입고 말아요.

아이를 떼어내기 위한 연습이 엄마의 성장입니다. 더 많이 연습할수록 더 성장하는 엄마입니다. 그냥 떼어놓지는 못해요. 엄마가 먼저 마음이 안정이 되어야 아이를 마음 놓고 떼어놓을 수 있습니다. 먼저 자신의 마음이 안정되도록 노력해야 합니다. 엄마가 안전지대가 되어 있으면 아이는 언제든지 엄마의 안전지대를 이용할 거예요. 먼 곳까지 갔다가 많이 배워서는 언제든 자기가 필요할 때 안전지대를 찾아올 거예요. 엄마는 자신을 먼저 챙겨야 합니다. 아이 챙기는 그 시간에, 그 에너지로.

엄마가 성장해야 아이가 성장할 수 있습니다. 아이는 엄마가 성장시키는 게 아니라 아이 스스로 성장하는 존재입니다. 그런 능력을 가지고 태어났습니다. 믿고 기다리기만 하면 됩니다. 기다리는 그 시간에 자신을 성장시키면 됩니다. 엄마가 자신을 성장시키는 그 모습을 보고 아이도 따라서 할 거예요. 아이들이 스스로 성장해서 엄마를 기쁘게 할 테니까요. 아이들의 지상최대의 목표는 엄마에게 잘 보이는 것이니까요. 어떻게든 잘 해서, 스스로 하나라도 예쁜 짓해서 엄마를 기쁘게, 행복하게 해 주고 싶은 게 아이들의 심리니까요.

하루 중 자신을 챙기는 시간이 있나요? 아이, 남편 먼저 챙기느라 녹초가 되지는 않나요? 고군분투하는 자신을 몰라준다고 남편과 아이에게 섭섭해 하지는 않나요? 이제 '그런 짓' 그만 두세요. 나를 먼저 챙기고 귀하게 생각하지 않으면 아이도 남편도 나를 더 이상 챙겨주지 않습니다. 엄마가 되어도 마음의 중심추에 항상 자신을 두어야 합니다. 그래야 중심이 빨리 잡힙니다.

자신을 사랑하는 그 충만한 에너지로 아이를 더 잘 챙기는 것! 이것이 엄마의 진정한 성장입니다. 진정한 성장은 '엄마'가 아니라 '나 자신'이 먼저일 때 가능합니다.

자신에게 투자하세요.
일생에서 중요한 몇 년을 남자에게만 투자한다면
당신은 그 후의 몇십 년을 그 남자가 당신의 곁을 떠나지 않게
노력을 해야 합니다.
하지만 중요한 시간을 자신에게 투자했다면
당신은 진정한 사랑을 얻을 수가 있습니다.
사랑도 물질을 기초로 한 사치스러운 정신적 향수입니다.
잊지 마세요. 여자는 최적의 상태일 때만 따르는 남자가
있습니다.

독립적인 여자가 되세요.
경제도 사업도 남자한테 의지하지 않는
독립적인 여자가 아름답고 매력적입니다.
사랑은 사랑하는 사람이 행복할 수 있도록 돕는 것이지
사랑하는 사람이 행복할 수 있도록 내 자신을 희생하는 건
아닙니다.

−펑리위안(중국, 시진핑 주석의 아내)

부모 뜻대로가 아니라 아이 뜻대로

딸이 제 곁을 떠나 미국으로 간 지 12년째 접어듭니다. 제 생애에서 전혀 예상하지 못했던 참 엉뚱한 사건이었습니다. 발단은 미국에 살고 있던 우리 딸의 고모, 그러니까 사별한 제 남편의 누나였습니다. 고모의 꿈에 자꾸 남편이 나타났다는 겁니다. 아무 말도 하지 않고 와서는 "이거 아라 겁니다."라고 말하며 컴퓨터가 든 가방을 내려놓고 가더랍니다. 고모는 그 꿈이 마음에 걸렸고, 물어물어서 한국에 있는 제게 연락을 했습니다. 깜짝 놀랄 수밖에 없었습니다. 남편이 사망한 후 시댁 식구와는 거의 소식을 전하지 않고 살고 있었거든요. 시부모님도 모두 돌아가셨고, 한 분 계시던 시아주버님도 돌아가신 상태였으니까요.

고모는 무작정 우리 모녀를 미국에 초대했습니다. 그리하여 딸은 고모와 만났습니다. 아주 갓난쟁이일 때 한 번 만난 이후 처음입니다. 처음 봤을 때부터 고모는 우리 딸을 참 예뻐했어요. 남편이 세상을 뜬 후라 마음이 더 애틋했던지 딸을 무척이나 챙기셨어요. 이렇게 왕래하기 시작하고 두 번째로 미국에 갔다 온 뒤였습니다.

"엄마, 나 미국 가서 공부하면 안 될까?"

고작 고등학교 1학년생이 어디서 그런 용기가 나왔을까요. 하지만 제겐 선전포고와도 같았습니다. 딸과 전 정말 환상의 콤비였거든요. 딸이 늘 그랬습니다.

"엄마, 엄마와 난 전생에 부부였는가 봐!"

우리는 아주 가끔 다툰 날을 제외하고는 단 하루도 각자의 방문을 닫고 생활한 적이 없었습니다. 항상 방문을 열어 두었습니다. 그만큼 소통이 잘 되었던 사이였습니다. 이야기를 나누느라 잠을 설친 적도 많았습니다. 딸이랑 함께 사는 게 정말 행복했습니다.

'이렇게 엄마랑 잘 맞는데 미국이 뭐라고, 고모를 언제 봤다고 이런 결정을 덜컥 내리는 거야.'

당황스러웠고, 더 정확히 말하면 무척 서운했습니다.

엄마가 주어야 할 것은 간섭 아닌 신뢰

그때까지 딸을 키우면서 아이의 결정에 한 번도 반기를 든 적이 없었습니다. 항상 딸의 선택을 존중해 주려고 노력했습니다. 딸은 자신의 선택으로 인해 저를 실망시킨 적이 거의 없었습니다. 이렇게 키웠으니 이번 결정도 웬만하면 따라주어야 하는 게 맞다는 생각이 들었습니다. 너무나 쉽지 않은 결정이었지만, 딸의 선택을 믿어주기로 했습니다.

딸을 보내야겠다는 믿음이 더 생긴 것은 딸이 유학을 결정한 후 미국에 갔을 때의 일 때문이었습니다. 햄버거 가게에 갔는데 딸이 자신이 햄버거를 주문해서 가져오겠다는 겁니다. 어떻게 그런 용기가 생겼는지 모르겠지만, 그날 딸은 무리 없이 햄버거를 주문해서 가져 왔고 우리는 맛있게 먹었습니다. 딸은 그때만 해도 영어를 잘 하지 못했습니다. 고모의 초청으로 미국에 첫 방문을 했을 때만 해도 미국인을 만나면 쭈뼛거리고 전혀 나서지 못했습니다. 미국에서 살아야겠다는 마음을 먹은 후 딸의 태도가 180도 달라진 것입니다.

'그래, 보내주자. 자기가 선택한 일이라면 책임도 자기가 지겠구나!'

막상 딸아이와 생이별하고 제 마음이 얼마나 편하지 않았는지 말로 다하기 어렵습니다. 딸은 오죽했을까요. 스스로 선택한 길이지만 힘든 일이 왜 없었을까요. 언어도 안 되는 미국에 가서 6개월 간 랭귀지 스쿨 다니고 곧바로 고등학교에 입학해 정규 수업을 들어야 했으니까요. 그것만이 아니었습니다. 매사에 수용적인 엄마에 비해 정확하고 빈틈없는 고모 밑에서 새롭게 가정교육을 받으며 생활하는 부담감도 컸을 것입니다. 그래도 다 이겨냈습니다. 자신이 선택한 일이니까 자신이 감당해낸 것입니다.

"엄마, 이런 느낌 있잖아. 좋은 것을 보는데, 이게 왜 좋은지 모르겠더라고."

"분명히 맛있는 것을 먹는데, 하나도 맛을 모르겠어!"

"뭔가 까마득하고 세상에 나 혼자 있는 멍한 느낌 같은 거 있잖아!"

힘든 순간을 다 견뎌내고 몇 년이 지난 후 딸은 정말 힘들었던 때의 느낌을 이렇게 묘사하더라고요. 그 소리를 들으며 가슴이 먹먹해졌습니다. 얼마나 힘들었으면 좋은 것을 봐도 좋은지 모르고, 맛있는 것을 먹어도 맛을 몰랐을까요.

"언니, 힘들면 한국으로 돌아와."

"내가 선택한 일인데, 그럴 수 없어."

딸은 한 살 어린 사촌 동생과 이런 대화를 나눈 적도 있었다고 했습니다. 딸은 빈말이라도 한국으로 가야겠다고 말을 하지 않았답니다. 저는 이 말을 들으면서도 마음이 무척 아팠습니다.

저는 딸을 미국으로 보내면서 "언제든 돌아와도 된다."라고 말했거든요. 미국이든 한국이든 네가 행복하다고 생각하는 곳을 선택하라고. 어떤 곳에서 어떤 선택을 하든 모두 너의 경험이고, 그러한 경험이 너를 성장시킬 것이라고 말했습니다. 아무런 통제와 다짐도 없었는데, 딸은 자신이 선택한 일이라며 힘든 과정을 다 이겨내더라고요. 자기가 선택한 일에 대하여 끝까지 책임을 졌습니다.

미국으로 떠났을 때처럼 결혼, 출산, 육아도 오롯이 딸의 선택입니다. 그리고 지금 계속 나아가고 있습니다. 딸도 저처럼 엄마의 삶을 살아갈 겁니다. 지금까지 그래왔듯이 앞으로도 자신의 삶에 전적으로 책임을 지겠지요. 결혼생활, 육아 모두 책임감 있게 하려고 노력할 겁니다. 저는 '믿어주는 것', 이것만 신경을 쓰기로 다짐했습니다.

딸이 미국으로 떠난 후 제가 딸에게 보낸 메일이 몇 백통은 넘을 겁니다. 모두 딸을 응원하고 격려하는 내용이었습니다. 그중 "공부 잘해야 한다." "성공해야 한다."는 내용은 절대 쓰지 않으려고 노력했습니다.

앞으로도 딸을 향하여 무한신뢰의 말을 계속 무한리필 해 줄 생각입니다. 한 아이의 엄마, 한 남자의 아내로 살아가려면 더 많은 에너지가 필요하니까요. 이런 믿음의 말들이 딸의 앞날에 더 용기를 주고 에너지를 줄 것이라는 믿음 때문입니다. 먼저 엄마의 에너지 탱크가 고갈되지 않도록 항상 자체 동력으로 에너지를 만들어 채워두어야겠지요.

그리고 '옐로카드 제도'를 지속적으로 시행해 볼 겁니다. 사랑한다는 이유로 딸의 삶에 끼어들까봐 아이가 사춘기에 접어들면서부터 실천했던 방법입니다.

"딸, 엄마가 엄마의 이름으로 네 삶에 끼어든다는 생각이 들면, 언제든 옐로카드를 들어야한다."

심판은 딸입니다. 엄마라는 자석은 자식이라는 자석을 만나면 무조건 달라붙는 성질이 있습니다. 스스로는 잘 제어가 안 될 때가 많아요. 이럴 때를 대비해서 딸에게 엄마가 너무 가까이 다가가 찰싹 달라붙을 만큼 거리가 되면 빨리 옐로카드 들으라고 일러뒀습니다.

사람은 누구나 자신만의 자성(磁性)을 유지해야 살아가면서 예쁜 것, 아름다운 것을 끌어당기며 살아갈 수 있습니다. 딸이 제게 옐로카드를 든 적이 딱 한 번 있었는데, 바로 남편감을 고를 때입니다. 그 때 옐로카드 제도가 없었다면 서로가 힘들었을 거예요. 옐로카드 제도 덕분에 지금 사위와 인연이 될 수 있었습니다. 옐로카드 제도는 딸과 제 사이에 평생 유효한 제도로 시행해 나갈 것입니다.

옛말에 자식은 손님이라고 합니다. 귀한 손님이 우리 집에 머물다가 떠나면 잘 보내주어야 합니다. 손님에게는 "이거 해라 저거 해라." 하며 우리 마음대로 시키지 않지요. "공부 잘해야 한다."고 윽박지르거나 공부 못했다고 책임추궁도 하지 않습니다. 대신 정성껏 음식 만들어서 먹이고, 편안히 쉬도록 잠자리를 봐줍니다. 쉬다가 떠나면 언제든 보내주지요. 아무리 서운해도 붙잡지 않습니다. 머무는 동안 불편함이 없었는지 물으며 기꺼이 보내줍니다.

손님으로 떠나보낸 내 자식이 다시 들러주면 정말 고마운 마음이 들지요. 귀한 손님이니까요. 마음 편히 머물다 가도록 더 극진히 모시면 됩니다. 부모는 그 준비만 하고 있으면 되지 않을까 싶습니다.

내 자식을 손님이라고 하니 많이 서운하세요? 서운해 하지 않아도 됩니다. 부모가 자식을 귀빈처럼 생각할수록 자식은 부모가 그리워 더 자주 찾아오는 법이니까요.

오늘의 행복이
내일의 성적

"대학교 들어갈 때까지만 죽었다 치고 공부해라. 대학교 들어가면 너 하고 싶은 것 다 하게 해 줄게."

한국의 부모들이 가장 흔하게 하는 말입니다. 대학교에 들어가는 것이 삶의 유일한 목표처럼 느껴집니다. 대학을 위해서라면 지금의 삶은 희생되어도 된다는 것처럼 들립니다. 심지어 이런 말까지 서슴지 않습니다.

"너 커서 뭐가 되려고 그래. 앞날이 훤하다. 훤해!"

지금 공부를 조금 못하는 것 가지고 아이의 미래까지 규정짓습니다. 10년, 20년 후의 삶까지 앞당겨 단정 지어 버립니다. 마치 공부를 못하는 사람은 어른이 되어서도 아무 짝에도 쓸모없는 사람이 될 것처럼 말입니다. 부모의 말대로라면 공부를 잘 하는 사람만이 어른이 될 자격이 있는 것일지도 모릅니다. 공부를 못하면 어른이 되어도 희망이라고는 없는 뻔한 삶인 것이지요. 이렇게 엄청난 비난과 저주가 어디에 있겠습니까!

물론 부모는 자식이 잘 되길 바라는 마음에서 이런 말을 합니다. 부모가 자식의 행복을 바라는 그 애틋한 마음은 무엇에 비하기 어렵습니다. 그러나 아이는 부모의 말들을 잘 되라는 소리로 들을 수 없습니다. 이런 말들은 아이를 전혀 행복하게 해주지 못합니다.

성적 때문에 정신적 학대를 당하는 아이들

고등학교 1학년 남자 아이를 둔 부모를 만난 적이 있었습니다. 아들은 시내 중심에 있는 학교를 다니고 있었는데, 내신 성적을 조금 더 잘 받고 싶다며 전학을 시켜 달라고 했답니다.

"학교가 무슨 상관이야. 너만 잘 하면 되지."

처음에는 아빠가 굉장히 반대를 했답니다. 평소에도 이 아빠는 아들에 대한 기대치가 컸고, 성적을 입에 달고 살았답니다. 아들과 소통은 전혀 안 되는 아빠였습니다.

"학교 옮기고 성적 안 나오기만 해 봐라."

아빠는 이렇게 엄포를 놓고 전학을 시켜 주었다고 합니다. 전학 후 첫 성적표가 나오는 날, 아니나 다를까 성적이 좀 많이 떨어졌습니다. 아빠가 퇴근하고 와서 이 소식을 들었습니다.

"이 자식 어디 있어?"

고함을 지르며 바로 아들에게 달려가 잡아끌고 나와서 거실에 내동댕이쳤다고 합니다. 아들은 샤워 중이었는데요.

이 사연을 들으면서 너무나 안타까웠습니다. 평소에 이 아들이 얼마나 부담감이 컸을까요? 그 부담감 때문에 공부가 제대로 되었을까요?

'이번 시험 못 치면 어떡하지, 어떡하지.'

이런 마음 아니었을까요?

아무리 공부를 잘 하는 아이라 해도 학교를 옮기면 바뀐 환경에 적응하느라 성적이 좀 떨어질 수도 있습니다. 이는 어쩌면 지극히 당연한 현상입니다. 아빠가 분노를 폭발하며 화를 내고 망신을 주면 아이가 공부를 잘하게 되는 걸까요? 아이의 공부는 아이의 인생과 관련이 있는 것입니다. 부모의 인생이 아닌 거죠. 아이의 성적에 부모의 자존심, 희망을 내세우면 안 되는 것입니다. 바닥에 내동댕이쳐지고 상처를 입을 대로 입은 아이의 자존감을 어떻게 치유할 수 있을까요?

부모가 아이를 키울 때 밥을 잘 먹이고 신체적 욕구만 채워주는 것이 잘 키우는 건 아닙니다. 사람에게는 심리적 욕구가 있습니다. 마음이 행복하고, 기분이 좋아야 심리적 욕구가 채워지는 것입니다. 만약 그렇지 못하다면 심리적으로 허기가 집니다. 마음이 배고프면 잘 살지 못하게 됩니다. 결국 신체는 자라는데 마음이 자라지 않는, 어른아이가 되고 마는 것이지요. 인간의 DNA는 신체적 욕구뿐 아니라 심리적 욕구까지 만족되어야 생존에 유리하다고 합니다.

영국에는 〈신데렐라법〉이 있습니다. 정신적 학대를 금지하는 법인데, 2014년부터 시행되었다고 합니다. 부모가 자녀를 정신적으로 학대하면 벌을 받는다는 말입니다. 오죽했으면 법으로까지 제정했을까요.

이 법은 아이를 행복하게 해주는 것이 부모로서 당연히 해야 할 의무라는 것을 증명해 줍니다. 우리나라에도 이 법이 있다면 많은 부모들이 법을 위반한 벌을 받게 될지도 모르겠습니다. 아이에게 분노를 폭발하지 않고, 감정적으로 심한 말을 하지 않고도 행복한 마음으로 공부를 잘 하도록 돕는 방법은 없을까요?

제 딸도 중학교 때 반에서 중간 정도의 성적을 유지하고 있었습니다. 중학교 입학 후 처음 본 시험에서 21등이었습니다. 반 학생 수가 30명쯤 되었으니까 잘 하는 편은 아니었습니다. 그 이후로 조금씩 성적이 오르기 시작했지만, 반에서 중간 정도, 아니면 중상위 정도 했습니다. 솔직히 털어놓자면, 저는 성적을 염두에 두지 않아서 딸의 학교 성적을 잘 기억하지 못합니다.

"엄마, 친구들은 성적표 나오는 날이 초죽음이래. 그래서 성적표를 숨기는 아이들도 있어. 엄마는 내 성적표에 별로 관심이 없는데 친구들 엄마들은 안 그러신가 봐."

이런 말을 들은 적도 있으니 제가 성적에 무관심하긴 했나 봅니다. 사실, 정확히 표현하면 무관심하려고 애썼다는 표현이 맞을 것입니다. 성적에 관심 없다는 말은 거짓말이지요.

대신 저는 딸이 얼마나 행복한지 늘 챙기려고 애썼습니다. 고등학교를 선택할 때에도 집에서 가까운 곳에서 다닐지, 아니면 좀 더 좋은(?) 학교에 가서 치열하게 입시전쟁을 치를지 고민하다가 집에서 가까운 학교로 진학하기로 결정했습니다. 딸이 결정한 것이고, 저는 딸을 믿었습니다. 제가 아이의 마음(행복)을 챙겨주면 아이가 좀 더 잘해낼 거라는 믿음 말이에요. 중학교 때는 아직 철이 덜 들었고 왜 공부해야 하는지 몰랐겠지만, 아이가 공부하려는 마음만 먹으면 더 잘해낼 것 같았거든요. 그래서 믿어주는 역할을 제가 좀 더 적극적으로 해 주고 싶었습니다.

다행히도 딸은 고등학교에 진학 후 서서히 두각을 나타내기 시작했습니다. 미국 유학을 가기 전까지 줄곧 상위권을 유지했습니다. 참 고맙고 신기했어요. 그래도 전 공부하라는 말은 끝까지 하고 싶지 않았습니다. 물론 믿음을 지켜내기가 힘들 때도 많았어요. 엄청난 인내심이 필요했습니다. 하지만 엄마인 저는 성적보다 아이의 마음만 행복하게 해 주면 될 거라는 믿음을 부여잡고 흔들리지 않고 나아갔어요. 이런 믿음이 있었기에 딸이 머나먼 타국으로 떠난다고 했을 때에도 보내줄 수 있었습니다. 유학 생활 중에도 성적에 대해 묻지 않고, 마음을 챙겨주는 메일을 거의 매일 보냈습니다.

"우리 딸, 영어로 공부하느라 힘들지? 잘해내는 걸 보면 정말 장하다."

"우리 딸, 낯선 땅에서 혼자 적응하느라 힘들지? 엄마는 우리 딸이 참 대견해."

그리고 엄마가 한국에서 어떻게 사는지도 알려주었습니다. 엄마가 늘 곁에 있는 것처럼 느껴지게 하려고요. 그러면 마음이라도 조금 편안하게 될 것 같아서요. 나머지는 우리 딸이 해 내야 할 몫이라 생각했습니다. 특히 공부에 대해서는 마음이 평온해지면 자연스럽게 잘 될 것이라는 확신이 있었습니다. 뇌의 구조를 보아도 아이가 행복해지면 공부는 저절로 잘 한다고 하잖아요.

제가 성적에 대한 말을 하지 않으니 이런 일도 있었습니다. 딸이 미국에서 고등학교를 졸업하면서 우등상을 받았는데, 제게 알려주지 않았습니다. 한참 후에야 그 사실을 알았어요. 고모가 "왜 엄마에게 상장을 안 보여드렸어?"라고 물으니 "엄마는 성적에 별 관심이 없어요."라고 말했답니다. 그럴 리가 있겠어요. 저도 성적에 관심이 많은 엄마입니다. 다만 티를 안 내려고 기를 썼을 뿐입니다.

이제 딸은 한 아이의 엄마가 됩니다. 그렇게 생각하면 더 대견하네요. 하던 공부를 잠시 중단했지만, 적성에 잘 맞는 전공이라 언제든 다시 시작할 것이라 생각합니다. 혹 다시 안 하면 어떻습니까. 책으로 배우는 공부가 다는 아니니까요.

딸은 삶 공부를 더 밀도 있게 배우게 될 것입니다. '엄마 공부'가 가장 밀도 있는 삶 공부란 사실을 딸도 눈치 챘나 봅니다. 저는 딸의 길을 또 응원할 거예요. 제가 할 일은 딸이 행복한지 살펴주는 겁니다. 제 딸이 '삶 공부', '엄마 공부'도 아주 잘해냈으면 좋겠습니다. 혹시 이 글을 읽는 분들이 엄마라면 엄마공부도 분명히 잘해내실 거예요. 딸을 응원하는 엄마 마음으로 제가 한껏 응원해 드릴게요.

헤픈 여자로
해피하게

저의 어머니는 아버지에게 절대적인 사랑을 받고 사십니다. 여자인 제가 봐도 어머니가 여자로서 매력이 있는 건 아닙니다. 그렇다고 예쁘고 깔끔하게 꾸미는 것도 아닙니다. 아버지가 씻으라고 몇 번 해야 씻습니다. 반찬 솜씨가 좋은 것도, 살림을 반질반질하게 잘 하는 것도 아닙니다. 집안을 깨끗하게 청소하는 스타일도 아닙니다. 아버지가 좋아할만한 점을 아무것도 갖추지 않은 어머니입니다.

그런데도 어머니가 아버지에게 절대적인 사랑을 받는 이유가 항상 궁금했습니다. 동네 아주머니들 모두가 부러워할 만큼 아버지에게 헌신적인 보살핌을 받는 이유가 정말 알고 싶었습니다. 우리 아버지를 아내 바라기로 만든 엄마의 비밀병기는 무엇이었을까요?

저는 학습연구년(재충전과 자기계발을 위해 교사에게 주어지는 휴가) 때 비로소 그 이유를 알 수 있었습니다. 그 기간 동안 아버지와 어머니를 병원에 자주 모시고 다녔습니다. 두 분의 행동을 더 가까이에서 보게 되면서, 어머니에게서 한 가지를 발견했습니다. 바로 그 행동 때문에 아버지가 껌뻑 넘어간 것 아닌가 싶습니다. 어머니는 '헤픈 여자(?)'였습니다.

웃음이 헤픈 여자가 사랑 받는다

아버지 앞에서 어머니는 항상 까르르 넘어갑니다. 아버지가 별 소리 안 했는데도 그냥 헤헤거리며 웃습니다.

'저게 뭐가 재밌다고?' 싶은데도 어머니는 깔깔거립니다. 사소한 건데 그게 정말 재밌어 죽겠다는 듯 웃습니다. 예를 들면 이런 겁니다. 거가대교 지나갈 때 터널이 많이 나옵니다. 그 곳을 수십 번을 지나갔는데, 지나갈 때마다 터널 숫자를 세어보고 신기해하며 어린아이마냥 웃습니다. 거가대교에 진입하면 "여보, 저게 바다인데 어떻게 물이 안 들어오게 공사를 했을까?"하고 아버지에게 매번 묻습니다. 아버지는 근거 없는 설명을 덧붙입니다. 그 설명을 들은 어머니는 신기한 듯 또 웃습니다. 어머니는 매번 똑같이 묻고 아버지는 똑같이 답합니다. 그리고 어머니는 변함없이 웃습니다. 아버지 앞에서 어머니는 항상 헤픈 여자였습니다.

어머니가 아버지에게 절대적으로 사랑받는 이유는 이 웃음에 있었습니다. 사람들은 상대방이 자신을 보고 웃으면 좋아한다고 느끼고, 내 편이라고 생각한다고 합니다. 그래서 웃는 사람한테는 무조건 호의적인 반응을 보인다고 합니다. 남자는 무조건 웃어주는 여자를 좋아한다고 합니다. 자신의 말에 상대방이 손뼉 치고 웃으면 극도의 칭찬의 의미로 받아들여 자존감까지 올라가는 것입니다. 사랑하는 아내가 자신을 보고 항상 이렇게 웃는데, 자기를 좋아해 주고 이렇게 극도로 칭찬해 주는데, 뭐라도 해주고 싶지 않겠어요? 아버지가 그렇게 자상하게 어머니를 돕는 것도, 절대적으로 사랑하는 이유도 다 어머니의 이 헤픈 웃음 덕분이었습니다. 남편에게 사랑받는 방법 참 쉽죠?

칭찬에 헤픈 여자는 남편을 내편으로 만든다

"여보, 난 당신 만난 게 최고의 행운이지, 당신은 나의 복권이야!"
"당신, 너무 멋진 아빠야! 우리 현수가 아빠 덕분에 얼마나 행복해 하는지 몰라!"

제 여동생이 제부에게 자주하는 말입니다. 주위 사람들이 있건 없건 상관하지 않고 이런 내용의 말을 수시로 남발합니다. '엄지척'과 함께요. 보는 사람들은 오글거리는데도 여동생은 아랑곳하지 않고 헤프도록 이 칭찬 말을 마구 쏟아냅니다. 그런 닭살부부가 없습니다.

솔직히 닭살이면 어떻고 오글거리면 어떻습니까? 남편이 있다면 저도 얼마든지 하겠습니다. 더 오글거리게 할 자신이 있습니다. 내 남편 기 살리는 일인데, 내가 행복해지고 가족이 행복해지는 일인데 이보다 더하면 어떻습니까. 눈 딱 감고 몇 번 시도해 보면 되지요. 처음엔 어색해도 자꾸 하면 금방 익숙해집니다.

저는 부모교육을 할 때 '감사의 나 전달법'에 대한 이야기를 하는데, 이것이 칭찬 말을 하는 대화법입니다('나 전달법'은 2장에서 좀 더 이야기하겠습니다). 남편과 아이에게 이 대화법을 하라고 하면 처음엔 오글거린다고 안 하려고 합니다. 하지만 전 눈 딱 감고 한 번만 해 보라고 권합니다. 교육 때 배운 대로 실천하라고 숙제를 주고 그 다음 주에 경험을 나눠 보면 아내들이 이구동성으로 말하며 자랑을 늘어놓습니다.

"이제야 남편이 내 편 된 것 같아요."

드디어 남편을 길들이는 법을 알았다는 거예요. 칭찬의 말은 아이들에게도 효과가 큽니다. 칭찬에 헤픈 여자가 되세요. 가족 모두를 내편으로 만드실 수 있습니다.

스킨십이 헤프면 금상첨화

여기서 말하는 스킨십은 남편이나 아이가 하도록 기다리는 게 아니라 내가 먼저 하는 스킨십입니다. 스킨십의 효과는 말 할 필요도 없지요. 말보다 행동이 훨씬 더 효과가 있다는 말은 많이 들어보셨을 겁니다.

스킨십은 거창한 게 아닙니다. 일상 속에서 자잘하게 스킨십을 챙기는 부부가 건강하고 행복합니다. 제 친구는 아침에 남편보다 먼저 일어나는데, 자고 있는 남편에게 꼭 안마를 해 주고 일어난다고 하더라고요. 출퇴근할 때 살짝 안고 볼이나 입술에 가벼운 입맞춤을 주고받는 것도 좋습니다. 대화할 때에는 꼭 상대의 눈을 바라보고 하고요, TV를 볼 때, 식사할 때도 가볍게 상대방을 터치할 기회를 만드세요. 신혼 때만 아니고 평생 말입니다. 자주 해야 습관이 되지, 자꾸 안 하게 되면 갈수록 어색해서 더 이상 하지 않는다고 합니다. 우스갯소리로 "가족끼리 뭘 그런 걸 해."라고 하는 거죠. 가족이니까 더 해야지요. 남이랑 하면 큰일 나지요.

신혼 때에는 남편이 스킨십을 주도하지만, 그때가 지나면 남편도 잘 안 하게 되는데요. 그때부터 아내가 스킨십을 주도하는 겁니다. 연기를 해도 좋습니다. 콧소리를 살짝 섞어서 한 번 해 보세요. 출근하는 남편에게 "여보, 뭐 잊은 것 없어요?"로 다가서고, 퇴근하면 강아지가 주인 반기듯 하는 겁니다. 강아지는 정말 열정적으로 주인을 반깁니다. 퇴근해서 집에 들어왔는데 아내와 아이들이 강아지처럼 자신을 반긴다면 남편이 얼마나 기분 좋을까요! 기분 좋다는 말은 에너지가 좋게 뻗는다는 말입니다. 남편의 기를 살리는 방법 참 쉽네요.

아이에게도 스킨십을 많이 해 주세요. 아기 때만 물고 빨고 하지 말고요. 아이는 부모의 사랑으로 자랍니다. 스킨십이든 말이든 넘치게 해 주어야 합니다. 스킨십이 잘 안되면 말이라고 잘 될까요? 스킨십이 잘 되면 말도 잘 됩니다. 자기 자식인데도 다 커서

징그럽다고 말하는 부모님도 있습니다. 아이가 클수록 스킨십을 더 안 하지요. 그러다가 사춘기가 되면 남남이 됩니다. 가족인데, 소 닭 보듯 하는 것이 보기 좋을까요?

스킨십도 연습이고 훈련입니다. 습관으로 굳어지게 자주 하세요. 내 남편, 내 아이 행복해지는 일인데, 그래서 결국 내가 행복의 수혜자인데 좀 헤프면 어떻습니까? 솔직히 가족들은 은근히 기다리고 있을 겁니다. 가족에겐 마음껏 헤퍼도 괜찮습니다.

행복은 일상에서 자잘하게 만들어 가는 것이라고 생각합니다. 어떻게 평생 이벤트를 하며 살겠습니까. 일상 속에서 행복의 가짓수를 늘려가는 삶이 행복인 거지요. 싱긋 웃어주는 것, 칭찬의 말 한 마디, 작은 스킨십에 행복에 대한 답이 있습니다.

행복의 진열장에 행복이라는 보석을 하나하나 진열해 가며 살면 좋겠습니다. 작은 의식들이 모두 행복의 진열장에 전시되는 거지요. 전시된 보석들을 보는 즐거움이 쏠쏠할 겁니다. 가족이 함께 행복을 저축하는 건 복리저축이나 마찬가지입니다. 몇 배로 불어날 뿐 아니라, 급할 때 찾아서 사용할 수도 있으니까요.

자화만사성(自和萬事成)이
가화만사성(家和萬事成)

저희 가족은 참 특이합니다. 남들이 보기에 이해할 수 없는 면이 있습니다. 여기서 가족은 딸과 사위, 친정 부모와 시부모를 통틀어서 말하는 것입니다. 우리나라 정서상 사돈 간은 가장 예의를 갖추고 조심해야 하는 사이입니다. 만나면 불편하기에 덜 만나고 살기를 바라는 사이입니다. 그런데 저희 가족은 그렇지 않아서 이상하다는 말입니다.

 양가 가족이 만나 같은 공간에서 5일쯤 함께 생활한 적이 있습니다. 딸의 결혼을 앞두고 미국에 갔을 때입니다. 하는 역할이 자동으로 정해지더라고요. 아라 시어머니는 음식을 참 잘합니다. 손이 빨라 척척 해냅니다. 자동으로 주방 담당이 되었습니다. 전 깨끗이 치우고 정돈하는 걸 좋아해서 청소 담당이 되었습니다. 시아버지도 청소와 설거지를 도왔습니다.

 제 딸과 사위는 무엇을 했을까요? 딸은 미리 휴가를 내어서 직장에 나가지 않고 있었고, 사위는 회사를 책임지는 입장이라 결혼식 하루 전날 오전까지 회사에 나갔다가 마무리 하고 들어왔습니다.

친정엄마와 시어머니가 주방에 있을 때 딸은 거의 주방에 들어오지 않았습니다. 양가 부모님들이 챙기는 것을 다 받아주었습니다. 친정엄마야 그렇다 치고 솔직히 시어머니가 주방에 가서 일하면 마음이 많이 불편할 텐데 말입니다. 5일 동안 가족의 식사를 시어머니가 도맡아서 챙겨주시면 부담되어서 뭐라도 하려고 주방을 서성일 텐데 말입니다. 딸은 한 번도 먼저 밥을 하려고 하거나 설거지를 먼저 하겠다고 나서지 않았습니다. 두 엄마(친정엄마, 시어머니)에게 밥을 다 얻어먹고 설거지를 다 하도록 허락해 주었습니다.

사돈은 딸과 아들을 나눈 사이

"딸아, 진짜 안 불편해? 엄마는 아무리 생각해도 불편할 것 같은데…"

딸에게 살짝 심중을 떠 보니 진짜 안 불편하다고 합니다. 시어머니, 시아버지는 어찌나 제 딸을 예뻐해 주시는지 정말 감사했습니다. 시아버지는 딸의 행동, 말 모두 다 정말 예쁘다고 하시며 우리 딸 이야기만 나와도 껌뻑 넘어갈 듯 반응합니다. 절대적인 믿음을 보내 주십니다. 시어머니의 마음도 궁금했습니다.

시어머니가 이런 에피소드를 말씀해 주셨습니다. 아이들을 처음으로 만나러 미국에 도착한 날이었답니다. 처음 만났으니 공항에서 집까지 가는 동안 얼마나 어색했겠습니까. 그때 사위가 제 딸을 시어머니와 함께 뒷좌석에 앉히더랍니다. 그땐 결혼을 하지 않은 상태니까 예비사위였네요.

한참 어색하게 가는데 제 딸이 꾸벅꾸벅 졸더랍니다. 긴장되고 불편할 텐데 조는 모습이 미워 보이지 않고 애처로워 보이더랍니다.

"아라야, 여기 무릎에 누울래?"

시어머니가 내어주는 무릎을 제 딸이 베개 삼아 덥석 눕더니, 그리곤 금방 곤하게 잠이 들었답니다. 그 모습을 보면서 마음이 무장해제 되었다고 합니다. 꼭 자신의 딸 같이 느껴졌다면서….

이야기를 들으며 저도 사돈어른에 대하여 생각했던 마음이 무장해제 되더라고요. 둘째 날부터는 우리(친정엄마, 시어머니)는 같은 침대에서 잤습니다. 어색할 것이라 생각했는데 정말 아무렇지도 않았습니다. 날이 갈수록 더 친해져서 살아온 이야기도 나누었습니다. 아이들이 잘 살도록 곁에서 그냥 지켜보자고. 힘들 때는 슬기롭게 잘 헤쳐 나가도록 지혜를 모아주자고 서로 다짐하였습니다.

결혼식 마친 날 저녁, 뭔지 모르게 많이 허전하더라고요. 우리 두 여인네는 포도주와 약간의 안주를 놓고 마주 앉았습니다. 방에서, 다른 가족들이 눈치 못 채게 말입니다. 사랑하는 자식을 품에서 떠나보낸 두 어미의 허전함을 술잔을 오가며 위로했습니다. 함께 훌쩍거리기도 하고 서로 다독이기도 했습니다. 그러면서 마음이 가고 정이 들었습니다.

다음 날 아침, 저를 배웅하기 위해 온 가족이 공항에 갔습니다. 딸이 말합니다.

"양쪽 부모님이 이렇게 잘 지내시는 모습을 뵈니 얼마나 감사한지 몰라요."

"네가 잘 하니까 그렇지. 네가 우리를 거리낌 없이 대해주니 그런 거야."

시어머니가 제 딸에게 이렇게 말씀해 주시니까 너무 감사했습니다. 시어른께 이런 칭찬을 듣는 딸도 대견하다는 생각이 들었습니다.

"평화(사위)가 저를 편하게 대해주니 저도 자연스레 마음의 벽이 없어지나 봅니다. 꼭 제 아들 같고 그래서 더 애틋하네요."

저도 진심의 말을 전했습니다. 딸과 사위가 서로 소통이 잘 되니 우리 부모들도 자동으로 소통이 되는 것 같습니다. 딸과 사위는 모든 걸 있는 그대로 받아들이는 장점을 가지고 있습니다. 확대 해석하거나 복잡하게 생각하거나 부정적으로 보지 않습니다. 딸과 사위에게 우리 부모들이 참 고마워하는 부분입니다.

딸이 11월 초에 아기를 낳습니다. 딸의 산후조리가 가장 걱정이 되었습니다. 시부모, 친정 부모 아무도 없는 곳에서 제 딸이 아기를 낳을 거라고 생각하니 마음이 너무 짠했습니다.

"엄마, 어머니가 한 달 간 산후조리를 도와주러 오신대."

너무 고맙긴 한데 그래도 걱정이 앞섰습니다.

"딸아, 진짜 안 불편하겠어? 한 달 간이나 (시)어머니한테서 온전히 챙김을 받을 수 있겠어?"

"그게 뭐가 어때서?"

주변의 지인들도 "시어머님께 어떻게 산후조리를 받느냐."라고 강력하게 만류하는데도 제 딸은 아랑곳하지 않습니다.

"난 하나도 안 불편해. 엄마가 산후조리 못 해 준다고 걱정하지 않아도 돼."

딸에게, 딸의 시어머니에게도 많이 고마웠습니다. 어른의 마음을 온전히 받아줄 줄 아는 제 딸에게도, 딸을 애틋하게 생각해서 기꺼이 도와주시겠다는 딸의 시어머니에게도. 전 시어머니에게 감사의 전화를 했습니다.

"내 자식, 내 손주 챙기는 건데, 당연히 제가 할 일이지요."

이 말씀이 참 감사했습니다. 물론 아들, 손주를 생각해서 며느리의 산후조리를 해주러 가시겠다는 마음이셨을 수도 있겠지요. 하지만 이런들 저런들 어떻습니까. 제 딸이 시어른들 덕분에 마음 편하게 출산할 수 있고 산후조리 하면 되는 거지요. 딸도 편안하게 생각하고 산후조리를 시어머니께 의탁하겠다고 했으니까요.

제 사위에게도 항상 고맙습니다. 자기 어머니의 요리 실력에 비해 월등히 떨어지는 장모의 음식솜씨에도 "어머니가 해 주신 음식이 정말 맛있어요. 더 없어요?"라며 매번 감탄해줍니다. 언제나 제가 해주는 음식을 맛있게 잘 먹어주고, 조금 양이 많다 싶어도 싹 비웁니다. 어찌나 복스럽고 예쁜지요. 자기 어머니에게 장모님이 맛있는 음식을 해주셔서 잘 먹었다고 자랑합니다. 이러니 부족한 음식솜씨지만 어떻게 다시 도전하지 않겠습니까. 제 사위도 저보다는 한 수 위입니다.

사돈지간은 대하기가 참 어렵고 조심스럽다고들 하지만, 이렇게 한 번 생각해보면 어떨까요. 가장 사랑하는 내 자식을 나누어 가진 사이가 사돈지간입니다. 아들과 딸을 나누었기에 참으로 의미 있는 사이라는 생각이 들었습니다.

이 어려운 사이가 잘 지내려면 먼저 부부가 화목해야 합니다. 둘이 틈만 나면 티격태격 싸운다면 부모 마음인들 편할까요. 사돈지간에 사이가 좋을 수 있을까요. 팔은 안으로 굽는다고 다 자기 자식을 편들게 됩니다. 시댁은 며느리를, 처가는 사위를 원망하는 마음이 들 겁니다. 인지상정입니다. 이러면 당연히 사돈지간의 사이는 끝이지요.

어떻든 둘이 마음 맞춰가며 오순도순 잘 살려고 노력하면 어른인 부모들도 뭐라도 돕고 싶은 마음이 듭니다. 그래서 양가 가족의 화목한 출발점이 부부에게 있다는 겁니다. 양가 부모들은 묵묵히 지켜보며 응원하면 되는 거고요.

그렇다면 어떻게 해야 부부가 화목할 수 있을까요? 부부 각자가 자신과 먼저 화목해야 합니다. 남편은 남편 자신, 아내는 아내 자신과 잘 지낼 수 있어야 하는 거죠. 자신의 마음이 꼬여 있으면, 행복하지 않으면 다른 사람과 결코 잘 지낼 수 없기 때문입니다.

이따금씩 자신에게 한 번씩 물어보세요. 내 마음이 자화만사성(自和萬事成)인지를. 자신의 마음이 평온해야 남편도 아내도 서로의 마음에 상처를 내지 않습니다. 서로를 보듬어줄 수 있는 마음 공간이 생깁니다. 혼자일 때의 마음이 건강해야 함께할 때 서로의 마음을 더 건강하게 만들 수 있습니다. '따로 또 같이'가 잘 될 때 행복한 가정입니다. 가화만사성(家和萬事成)의 바탕은 자화만사성(自和萬事成)입니다.

모성은
정성이다

'엄마'란 단어만 들어도 심장이 뜁니다. 모성이라는 말에 가슴이 뜨거워집니다. 뭉클한 그 무엇이 올라옵니다. 세상에 엄마만큼 진한 의미의 단어는 없는 것 같습니다. 모성만큼 한 여자를 거룩함으로 무장시키는 것은 없는 것 같습니다. '엄마,' '모성' 왜 이리 울림을 주는 말들일까요!

    딸이 미국에서 살고 있기에 저는 방학 때가 되면 미국에 갑니다. 미국 소재 교회에서 청년부를 대상으로 부모교육을 하기 위해서지만, 그보다 더 중요한 목적은 딸에게 엄마 노릇을 하기 위해서입니다. 엄마 노릇이 이 세상에서 저를 가장 행복하게 하는 일이라는 걸 제 뇌가 잘 알고 있습니다. 그 어떤 경험보다도 딸의 엄마로 있는 그 시간, 그 공간이 전 정말 행복합니다.

딸과 닿아 있기, 세상에서 엄마가 가장 행복한 시간

아침이 되면 딸보다 조금 먼저 일어나 반찬을 만듭니다. 혼자 사는 기간이 길다 보니 반찬 하는 방법이 잘 생각나지 않습니다. 마치 처음 반찬을 만드는 새댁처럼 끙끙거립니다. 블로그를 찾아서 티스푼을 가지고 재료를 측량해서 겨우 반찬 서너 가지를 완성합니다. 한 시간 반이 훌쩍 지나갑니다. 잘 못하는 음식을 하느라 얼마나 애를 썼는지 진땀이 흐릅니다.

딸을 깨워 밥을 먹이고 도시락을 챙겨서 회사에 보냅니다. 헤어지기 전 안아주며 인사하는 것을 잊지 않습니다. 이후에는 청소 시간입니다. 설거지를 해 놓고 빨래를 합니다. 커튼도 떼어내 빱니다. 내 집을 청소하는 것보다 훨씬 더 정성이 들어갑니다. 힘이 들지만 행복합니다.

다시 부엌에 들어가 밑반찬을 만듭니다. 콩조림, 멸치조림 등 밑반찬을 만들어서 반찬통에 담아서 냉장고에 넣어둡니다. 퇴근하고 오면 바로 먹을 수 있게 과일도 한 입 크기로 썰어서 통에 담아 둡니다. 나를 위해 밑반찬을 준비해 둔 적이 거의 없습니다. 나를 위해 과일을 미리 잘라서 통에 담아 둔 적도 없습니다. 하지만 딸을 위하여 반찬과 과일을 준비하는 시간은 참 행복합니다. 이유는 단 한 가지, 내 자식을 사랑하니까요.

그런 다음 방으로 돌아가 내 할 일을 합니다. 부모교육 준비를 하고 책을 읽거나 원고를 씁니다. 내 집은 아니지만 편안합니다.

딸은 엄마가 혼자 집에 있는 게 마음이 쓰인다지만, 저는 하나도 불편하지 않습니다. 나에게 있어 딸의 집보다 더 행복을 주는 공간은 없습니다. 딸을 위하여 하는 일보다 더 행복을 가져다주는 일은 없습니다.

퇴근 시간이 다가오면 딸을 위하여 저녁을 미리 준비하거나 딸과 함께 저녁을 만들기도 합니다. 딸의 다리도 주물러 줍니다. 몸이 점점 무거워지니 다리에 쥐도 나고 발이 붓습니다. 딸은 엄마인 내게 어리광을 부려 줍니다. 그 어리광이 고맙습니다.

시간 여유가 있을 때에는 딸과 함께 배냇저고리와 손싸개, 발싸개를 만듭니다. 바느질을 참 싫어하고 못 하는 저였습니다. 엄마로 변신하니까 뭐든지 만들려고 노력하고 기어코 만들어 냅니다. 내가 만든 게 아니라 엄마인 내가 만들어 낸 것입니다.

이 힘이 무엇일까요? 맞습니다. 이것의 정체는 모성입니다. 기꺼이 주는 사랑, 아무 대가 없이 주는 사랑, 그래서 더 행복한 사랑, 더 행복해서 더 주고 싶은 사랑, 바로 모성입니다.

모성은 노력이 아니라 정성입니다. 억지로 하는 노력이 아니라 하고 싶어서 하는 정성입니다. 과정까지 하나하나 행복합니다. 모성은 가슴이 시켜서 하는 일입니다. 가슴이 시키는 일은 지치지 않고, 피곤한 줄도 모릅니다. 내 마음의 모든 에너지를 끌어와서 사용하게 됩니다. 에너지가 그냥 소모되는 것이 아니라 재충전됩니다. 뿌듯하고 충만합니다. 이게 행복입니다. 행복하니 더 하고 싶어지고, 더 정성들이고 싶어집니다. 그래서 불가능한 것도 해내게 됩니다.

딸은 임신하고부터 엄마가 챙겨주는 모습이 남다르게 다가오나 봅니다. 엄마의 모습이 곧 자신의 모습이 될 수 있겠다는 생각이 드나 봅니다. 미국에서 돌아오는 날 딸이 제게 건네 준 편지의 내용입니다.

"엄마, 3주 동안 너무 고마웠어요. 항상 고맙지만 이번엔 조금 더 다른 느낌이야. 매 식사를 챙겨주는 게 얼마나 힘든지…. 고맙단 표현을 많이 하지 못해 미안해요. 너무 너무 고마웠어! 엄마 마음이란 게 이런 것이구나 싶었어요. 나 멋진 엄마 준비 잘 해 볼게. 아직 서툴고 그렇지만 조금씩 노력해 볼게요. 힘들 때 엄마에게 SOS를 보낼게."

아이 셋을 낳아서 지혜롭게 잘 키우겠다는 제 딸이 저를 통해 배운 부모교육을 어떻게 작용할지는 아직 모르겠습니다. 하지만 딸이 아이를 키우면서 더 많이 깨닫고 더 업그레이드 된 부모 역할을 해낼 것이라는 믿음이 있습니다. 자신이 아이를 키우면서 깨달은 것을 다른 누군가를 위하여 가치 있게 쓸 날도 오겠지요. 딸의 엄마로서의 삶이 기대되는 이유입니다.

저도 평생 제 딸아이의 엄마로 살아갈 것입니다. 제 딸이 제게 언제 어떤 SOS를 보낼지 모르겠습니다. 온 마음을 다하여 도와주려고 노력할 것입니다. 이런 모성을 가진 엄마라서 행복합니다. 평생 모성을 사용하며 살 수 있는 엄마의 삶을 보장받은 건 제 인생 최고의 행운입니다.

딸에게 쓰는 편지

사랑하는 딸,
이렇게 귀한 보물이 있을까! 보고 또 봐도 자꾸 보고 싶은 설레는 대상이 있을까! 사랑의 깊이를 도저히 잴 수가 없구나. 사랑의 정도를 도무지 헤아릴 수가 없구나. 딸이 엄마만한 어른이 되면, 딸이 결혼해서 한 남자의 아내가 되면 이 설레임이 이 뜨거움이 식을 줄 알았는데 아니구나. 우리 딸 화상입지 않도록 늘 조심할게.

딸에게 마구 뻗치는 이 사랑을 자제하는 과정이 엄마를 더 단단하게 성장시켰구나. 이런 성장의 과정이 행복이구나. 우리 딸 없었으면 어쩔 뻔 했을까? 이런 무한한 행복감도 못 느꼈을 텐데….

고마운 내 딸,
엄마가 된 것을 정말 축하해! 엄마는 지금도 네 임신 소식을 듣고 심장이 두근거렸던 때가 생각 나. 얼마나 좋은지 무엇으로도 표현할 길이 없어. 정말 고맙고 감사해.

네가 늘 엄마에게 그랬지? 엄마로 살아보고 싶다고. 엄마가 널 키우면서 많이 성장했다고 하니까, 너도 자식 키우면서 엄마처럼 많이 성장하고 싶다고 말했지. 맞아, 자식을 키우는 일, 엄마로 살아가는 길은 그 어떤 일보다도 너를 내면 깊이 성장시켜 줄 거야. 엄마도 우리 딸의 엄마로 살아갈 수 있어서 너무 고마워. 평생 나 자신을 성장시킬 자리라서 너무 행복해.

나의 소중한 딸,
하나만 물어봐도 될까? 네가 아이 셋을 낳겠다고 한 것이 혹시 네가 자라면서 외로움을 느꼈기 때문은 아닐지 마음이 쓰여. 자식이 많다고 덜 외롭고 자식이 적다고 더 외롭고 그런 존재가 아니란 말을 하고 싶어. 엄마가 어떻게 자녀와 소통하는지에 따라서 외로움의 크기는 달라진단다. 아이랑 충분히 소통하는 엄마라면 몇 명을 낳든 상관이 없어.

엄마는 우리 손자들이 너를 행복하게 해주길 바라는 것보다, 우리 사위가 널 행복하게 해 주길 바라는 것보다 우리 딸이 스스로의 행복을 만들어가는 삶을 살았으면 좋겠어. 상황에 이끌려 가는 게 아니라 주체가 되어 상황을 만들고 리드해 가는 삶 말이야. 이렇게 산다면 분명히 넌 아이가 하나든 셋이든 상관없이 행복한 사람일 거야. 행복한 엄마, 행복한 아내일 거야. 먼저 자신을 지키며 살아갈 각오가 되어 있다면, 그런 엄마가 될 각오가 되어 있다면, 우리 딸 엄마된 것 진심으로 축하해!

무엇보다 엄마로서 동지가 되었다는 게 제일로 기쁘다. 엄마의 핍박에도 불구하고 빨리 엄마의 길을 선택해 주어서 정말 고맙다. 너의 엄마의 길을 진심으로 응원한다.

PART 2

감정 챙겨주는 엄마 되기

소통,
감정을 주고받는 일

부모교육을 할 때 저의 강의 주제는 '평생 진짜부모 되어 살아가기' 입니다. 소주제는 '행복한 나, 효과적인 부모 되기'로 진행합니다.

평생 진짜 부모가 되어 살아가려면 두 가지를 꼭 갖추어야 합니다. 행복한 나, 효과적인 부모, 이 두 가지입니다. 나로서도 오롯이 행복한지, 자녀들에겐 효과적인 부모인지, 이 두 가지가 동시에 충족되어야 진짜 부모가 되어 평생 살아갈 수 있습니다.

먼저 '행복한 나'에 대해 살펴보겠습니다. 자신의 삶이 온전히 혼자로서도 행복한지 자문해 보세요. 남편이나 아이 때문에 혹은 환경 때문에 행복한 것인지, 이런 것들을 모두 떼놓고 나서도 행복한지를 묻는 겁니다. 그런 사람이 있는지를 물어보면 자신 있게 손을 드는 사람이 거의 없습니다.

다음은 '효과적인 부모'에 관해서입니다. '효과적인 부모'란 무슨 뜻일까요? 아이가 엄마(아빠)인 나로 인하여 기분이 좋고 행복한지, 스스로를 괜찮은 아이, 가능성이 많은 아이로 생각하게 되는지를 자문해 보는 겁니다. 한 마디로 아이가 '난 우리 엄마 아빠를 잘 만난 것 같아.' 라고 생각하는지 알아보는 것입니다. 강연장에서 이 질문을 던졌을 때에도 손을 드는 사람은 거의 없습니다. 이 질문에 대해서는 저도 항상 마음속으로 답을 해 보곤 합니다.

그렇다면 '행복한 나', '효과적인 부모'로 살아갈 수 있는 방법은 뭘까요? 지금까지 경험을 바탕으로 제가 찾은 정답은 '소통'입니다.

말이 아닌 마음을 나누자

제가 말하고자 하는 소통의 정의는 '감정을 주고받는 일'입니다. 상대의 감정을 잘 들어주고(듣기), 내 감정을 잘 전달하는 것(말하기)을 말합니다. 감정이 오고가는 대화를 해야 진정한 소통이 된다는 말입니다. 그래야 '행복한 나'도 될 수 있고 '효과적인 부모'도 될 수 있습니다.

"학원 갔다 왔어?"
"얼른 문제집 풀어야지."
"독서 안 하고 뭐해!"

이런 말들은 소통이 아니라 그냥 말입니다. 점검형 말입니다. 소통의 대화가 아닌 그냥 말을 하고선 아이와 남편이 내 마음 몰라준다고 속상해 합니다. 먼저 마음을 표현하지 않고 속을 보여주지 않는데, 상대가 어떻게 마음을 알아주고 속을 알아줄까요? 이런 말로는 평생 소통이 될 수 없을 겁니다. 그러면 땅을 치며 울거나 화를 내는 방법 밖에는 모르겠지요. 제 주위에도 평생 이렇게 쌓인 감정을 터뜨리는 사람들이 많습니다.

부모교육에 참여하는 어머니들 대부분은 힘든 마음을 안고 찾아옵니다. 특히 사춘기 아이를 둔 어머니들의 마음은 거의 만신창이가 되어 너덜너덜합니다. 이런 상황이 조금만 더 진행된다면 거의 쓰러질 지경이지요. 지푸라기라도 잡고 싶은 간절함이 보입니다.

6학년 여자 아이 때문에 힘들어 하는 엄마가 부모교육에 참여한 적이 있었습니다. 아이와 실랑이 하느라 얼마나 진을 뺐는지 힘이 하나도 없는 모습이었습니다.

"사춘기라는 것은 알지만 해도 해도 너무 하는 것 같습니다. 딸아이가 미워서 꼴도 보기 싫습니다. 이러다간 정말 원수가 될 것 같아요. 잘못 되어가는 것은 알겠는데 뭐가 어떻게 잘못되었는지 몰라서 너무 불안하고 힘이 듭니다. 저는 너무 무능한 엄마 같아요."

그 엄마가 부모교육에 참여한 이유였습니다. 모기만한 목소리로 울먹이며 말하는 모습이 애처롭습니다. 그 마음의 짐이 얼마나 무거운지, 힘듦이 얼마나 큰지 전해져 옵니다.

소통의 방법들을 한 가지씩 가르쳐 주었습니다. 감정을 주고받는 기법, 상대의 감정을 읽어주는 방법, 상대의 말을 듣는 방법을 배우고 간 엄마는 그 다음 주 '경험 나누기' 시간에 이렇게 말합니다. "선생님, 이제 좀 살 것 같아요."

그녀는 배운 것을 조금씩 딸아이에게 적용해 보았답니다. 그러자 신기한 일이 일어났답니다. 그렇게 원수처럼 엄마에게 상처 주는 말만 하던 딸아이가 서서히 엄마에게 다가오더랍니다. 함께 시장을 따라 나서고, 무겁겠다며 시장 가방을 들어주더랍니다. 오랜만에 딸과 팔짱을 끼고 다녔다면서 눈물을 글썽거립니다. 이번엔 행복한 눈물입니다. 숨이 막혀서 살 수 없을 것 같았는데, 이제 살 것 같다고 한시름 놓습니다.

그녀는 아이의 감정을 읽어주는 대화법 한 가지를 적용했을 뿐입니다. 그러나 결과는 이처럼 놀라웠습니다. 감정을 주고받으면 까칠하기 이를 데 없는 사춘기 자녀와도 소통이 되기 시작했습니다. 부모님들이 말합니다. 이건 기적이야!

사실 저도 사춘기 때 감정 때문에 너무나 힘들었습니다. 초등학교를 졸업하고 가난한 형편 때문에 1년 후 중학교에 들어갔기 때문에 수치감이 컸습니다. 하지만 힘든 이 감정을 어느 누구에게도 전할 사람이 없었습니다.

그 감정이 해소되지도 않은 채 고등학교에 진학했습니다. 어쩌면 대학교를 갈 수도 없는 상황이 벌어질 수도 있겠다는 불안감 때문에 '차라리 말문을 닫아버리자.' 라는 무서운 결정을 내렸습니다. 의도적으로 말문을 닫고 감정을 꽁꽁 싸매어 살겠다는 선택은 세상을 향한 선전포고였습니다.

'아무도 내 마음을 몰라 줄 거야.'
'아무에게도 나의 이 감정을 말하고 싶지 않아.'

그렇게 고등학교 3년을 보냈습니다. 방어였지만 도와달라는 간절한 외침이었더라고요. 나의 감정을 전할 단 한 사람이라도 있었더라면 그런 선택을 하지 않았을 겁니다.

3년 동안 숨을 못 쉰 나의 감정이 얼마나 답답했을까요! 무시당한 감정이 아우성을 쳐대니 몸으로 나타나기 시작했습니다. 얼굴에 온통 여드름이 나고 마치 멍게처럼 변해갔습니다. 한참 외모에 신경을 쓸 나이인데… 나조차도 나를 바라보기 힘들었습니다. 살기 위한 선택이었는데 나를 서서히 죽이고 있는 아픈 결정이었던 겁니다.

몇 년 후 정신을 차리고 나서 나를 치유하기까지는 많은 세월이 걸렸습니다. 어떻게 나를 치유해야 하는지 방법을 잘 모르겠더라고요. 결국 나만이 나를 치유할 수 있다는 것을 알게 되면서 나를 완전히 구할 수 있었습니다. 내가 나의 감정을 알아주고 읽어주니까 서서히 회복될 수 있었습니다. 딸을 키우면서 나와 같은 경험을 하면 어떡하나 하는 불안감이 들었습니다. 그래서 결심했지요.

'엄마에게 학교에서 있었던 일, 단 한 가지만이라도 이야기 해주는 딸로 키울 수 있으면 성공한 거다.'

저의 엄마로서의 희망사항이자 목표는 소박했지만 간절했습니다. 그렇게 갈망하던 중에 PET(Parent Effectiveness Training, 효과적인 부모역할훈련)를 알게 되었고, 열심히 배워서 딸에게 치열하게 적용하며 키웠습니다. PET는 부모와 자녀 간에 감정문제를 비롯한 각종 문제가 발생했을 때 이를 해결하고자 하는 프로그램입니다. 처음엔 서툴렀지만 거의 20년 이상을 감정을 주고받는 대화를 하려고 노력하며 키웠고, 지금까지 딸아이와 관계가 제법 괜찮은 엄마로 살 수 있었습니다. 감정을 주고받으며 살았기 때문에 소통이 잘 되었습니다.

엄마, 너무너무 고맙고 사랑해.
슬픔보다는 기쁨이 더 크다. 너무 행복하고 따뜻한 가족이 생겨서 너무 좋다.
엄마도 너무 걱정 말아요. 내 몸도 잘 챙기고 남편 건강도 잘 챙길 테니
엄마도 엄마 건강 잘 챙겨요. 사랑해, 많이많이.

엄마도 신기하네.
우리 딸이 엄마로부터 떨어져 나간다는 생각에 많이 허전하고 눈물 날 것 같았는데, 눈물이 하나도 안 나와.
너와 우리 사위에게 그만큼 믿음이 가기 때문일 거야.
우리 딸이 너무 대견하고 자랑스러워서 막 자랑하며 돌아다니고 싶다.
갈수록 자랑거리를 많이 만들어주는 내 딸 너무 고맙다.
네가 행복하고 기쁘면 엄마도 기쁘다.

딸의 결혼식을 마치고 한국으로 돌아온 후, 딸과 주고받은 문자 메시지를 잠깐 소개하였습니다.

딸과 저의 글 모두에 감정을 표현하는 단어들이 여러 개 들어 있음을 알 수 있습니다. 이렇게 감정을 잘 표현했기에 소통이 잘 될 수 있었던 것입니다. 저는 앞으로도 이렇게 딸과 감정을 주고받을 생각입니다.

가족과 감정을 잘 주고받으면 행복은 따 놓은 당상입니다. 감정을 주고받는 일이 바로 소통의 문을 여는 마법의 키입니다. 행복한 나, 효과적인 부모로 살아갈 수 있는 방법입니다. 평생 진짜 부모로 살아가고 싶다면, 먼저 감정 표현에 힘쓰길 바랍니다.

결국엔
엄마가 답이다

2008년에 EBS에서 방영된 〈아이의 사생활 1부–남과 여(공감능력과 체계화 능력)〉를 보면 이런 내용이 나옵니다. 함께 놀던 엄마가 망치에 손을 다쳤다고 합니다. 여자아이는 바로 반응을 합니다. 마치 엄마가 망치에 다친 게 자신의 잘못이라도 되는 양 바로 울음을 터뜨립니다. 엄마의 감정에 바로 공감하는 것입니다.

   남자아이는 어떨까요? 남자아이는 엄마가 다친 손을 아이에게 내밀어도 밀어냅니다. 그리고 씩 웃기까지 합니다. 남자아이는 엄마의 감정에 전혀 공감하지 못합니다.

   한날한시에 태어난 남녀 쌍둥이는 어떨까요? 여자 아이는 엄마가 아프다며 "호~" 해 달라고 하니 바로 다가와서 "호~"를 해 줍니다. 하지만 쌍둥이 남자아이는 전혀 반응을 보여주지 않습니다. 이 모든 실험은 학습되지 않는 상황에서 진행된 것입니다.

   이렇게 남녀의 공감능력은 차이가 납니다. 그 차이는 약 6배 정도라고 하는데, 실제로 남자가 10배쯤 노력을 해야 여자와의 공감 능력이 같아진다고 합니다. 그러니 '화성에서 온 남자, 금성에서 온 여자'라는 말도 있지 않을까요?

공감능력 뛰어난 엄마가 행복한 아이를 만든다

심리치료 전문가로 명성이 높은 최성애 박사는 말합니다. 남자가 공감을 받았다고 느낄 때는 여자가 자기의 말을 잘 따라 줄 때이고, 여자는 남자가 자신의 말을 잘 경청해 줄 때 공감 받은 느낌이 든다고 합니다.

이렇게 공감에 대한 의미조차 남녀가 다르게 해석하고 있습니다. 여자가 자기의 말을 잘 따라줄 때 남자는 공감을 받았다고 느낀다니, 어쩌면 남자는 공감이란 의미조차 정확하게 알지 못하는 건지도 모릅니다. 공감이란 상대의 감정을 자신이 함께 느낀다는 뜻인데 말이죠. 함께 느끼기는커녕 여자를 나무라거나 남의 편을 들으니 오죽했으면 남편을 남의 편이라고 할까요.

공감 능력에서는 여자가 절대 우위를 점하고 있습니다. 능력이 있기에 여자가 뭔가를 해 볼 수 있습니다. 즉 엄마가 가족에게 공감능력을 발휘하면 가족이 더 행복하게 소통하며 살아갈 수 있다는 말입니다. 엄마의 손에 문제해결의 키가 쥐어져 있는 것입니다. 혹시 너무 부담스러운가요? 부담감으로 받아들일지, 유능함으로 받아들일지는 자신의 몫입니다.

"신은 세상 곳곳에 갈 수 없어서 엄마를 대신 보냈다."는 말이 있습니다. 저의 첫 책 ≪가짜부모 진짜부모≫에서도 말했지만, 이 공감능력을 엄마에게 부여하고 세상에 보낸 이유는 그 능력으로 자신의 가정부터 구하라는 뜻은 아닐까요? 공감만 잘 해 주어도 다른 사람들을 놀랍도록 변화시킬 수 있습니다. 이런 무한능력을 우리는 너무 모르고 방치했던 것은 아닐까요?

늦둥이 아들을 키우는 친구가 있습니다. 아이는 고등학교 2학년입니다. 요즘은 고등학교 1학년에 올라가자마자 바로 입시 체제로 들어가더군요. 친구는 밤 11시가 되면 아들을 데리러 학원 앞으로 갑니다. 돌아오는 차 안에서 아들은 이렇게 말한답니다.
"엄마, 고마워요. 피곤할 텐데 나를 데리러 와 주셔서."
"엄마, 고마워요. 아침 일찍 일어나서 밥을 해 주셔서."
고등학교 2학년, 그것도 아들! 입시의 압박 때문에 자신의 감정도 추스르기 힘들 텐데. 고등학교 3학년 때까지 부모들은 죄인인양 아이들의 눈치를 보며 마음을 불편하게 하지 않으려고 온갖 애를 다 쓰는 시기 아닌가요? 그런데 친구의 아들은 어떻게 이런 감정 표현을, 감사의 말을 입에 달고 살까요? 해답은 친구의 말에 있습니다.
"아들아, 오늘도 이렇게 늦은 시간까지 공부하느라 많이 힘들었지?"
"우리 아들, 공부하느라 애쓴다."
"우리 아들, 진짜 대견하다."

참 신기하지요? 흔히들 아들은 자라면서 엄마 손을 벗어난다고 합니다. 그래서 아들 키워도 소용없다는 말도 있고요. 그러나 친구 사연을 들어 보면 그렇지도 않습니다. 아들도 엄마하기 나름입니다.

앞서 소개한 실험에서도 알 수 있듯이, 남자는 감정을 알아차리는 능력(정서인식)이 여자에 비해 아주 부족하다고 합니다. 그래서 엄마가 아이의 감정을 잘 조절할 수 있도록 감정을 읽어주면서 도와야 합니다. 엄마는 아이의 먹을 것과 입을 것, 공부를 챙기는 데는 정말 많은 시간을 사용합니다. 이에 못지않게 아이의 감정을 챙겨주는 일에도 관심을 기울여야 합니다.

감정 챙겨주는 일을 몇 번 까먹는다고 금방 표시가 나지는 않습니다. 아이가 계속 '감정의 밥'을 굶게 되면 결국은 마음이 고파서 서서히 시들시들해질 것입니다. 당장 눈으로 보이지는 않아도 자랄수록 더 표시가 나게 됩니다. 행복해 하지 않습니다.

맛있는 음식을 먹였는데도, 하고 싶은 것, 사고 싶은 것 다 해주었는데도 내 아이가 행복해 보이지 않나요? 감정의 밥을 먹이지 않아서 그럴지도 모릅니다. 감정의 허기가 져서 그럴 수도 있습니다. 감정이라는 밥을 먹이면 허기진 아이가 금방 기운을 찾을 거예요.

아이가 어릴 때부터 엄마가 끊임없이 감정 표현을 해주면 아이의 공감능력이 자라날 수 있습니다. 엄마의 공감능력은 아이를 말랑말랑한 감정을 가진 아이로 만들 수 있습니다. 괜찮은 아이로 만들어 줍니다. 메마른 마음에 감정의 단비를 내려주는 일입니다. 단비 맞고 감정들이 좋아서 춤을 출 것입니다. 마음이 쑥쑥 자랄 것입니다.

만약 내 친구가 아들을 데리러 갈 때마다 이런 말을 한다면 어땠을까요?

"요즘 공부 잘 되어가니? 이왕 하는 거 한눈팔지 말고 열심히 해라. 이 시기만 지나면 너 하고 싶은 것 다 할 수 있다."

제가 이런 말을 듣는다고 상상해 보니 참 싫습니다. 제가 아들이라면 엄마에게 데리러 오시지 말라고 하겠네요. 늦은 밤 통학버스에서 몇 시간을 시달리더라도 말입니다.

엄마라면 모두 제 친구와 같은 능력자입니다. 그 사실을 모르는 엄마들이 많습니다. 자신이 능력자인데, 도리어 남편과 아이에게 내 마음을 몰라준다고 속상해하고 억울해합니다. 이제 그런 실수는 하지 맙시다. 내 자신이 공감하는 데 있어서 최고의 능력자인데 능력도 없는 사람에게 기댈 필요는 없지 않을까요.

내가 능력자라는 걸 인정하면 방법이 보입니다. 내가 먼저 시작하면 남편과 아이가 따라오게 됩니다. 어떻게 방법을 익혀갈지는 차근차근 알려드리도록 하겠습니다.

아빠,
감정을 만나다

전부터 부모교육 강의는 하고 있었지만, ≪가짜부모 진짜부모≫를 출간한 후 부모교육 강의가 훨씬 더 많아졌습니다. 계속 엄마 위주의 부모교육을 진행하고 있었는데, 경상남도 교육청 학부모 지원센터에서 부부를 위한 부모교육을 제안해 왔습니다. 처음에는 의아했습니다. 제 상식으로는 남자들이 아내라는 큰 벽 앞에서 자신의 감정을 잘 드러낼 수 없을 것이라 생각했거든요. 물론 아내도 남편 앞에서 감정을 더 드러내지 않을 거라고 생각했습니다.

"신청자는 별로 없을지도 모릅니다. 한 번 개설해 보고 10쌍 이하이면 폐강하는 걸로 하고 한번 진행해 봅시다."

저도 동의했습니다. 예상했던 것과는 다르게 많은 부부들이 신청해 주었습니다. 5회, 총 12시간 동안 부부를 위한 부모교육이 진행되었습니다. 처음에 부모교육에 참여한 동기를 물었을 때 대부분의 남편들이 아내의 성화에 못 이겨서 참석했다며 솔직하게 말했습니다. 자발적으로 참여한 남편들은 몇 명 되지 않았습니다.

처음의 어색하던 분위기는 1회(3시간)를 마친 후 달라졌습니다. 그 다음 회기 때는 더 많은 수의 남편들이 아내와 함께 왔습니다. 부부끼리 신청해 놓고 처음에는 아내 혼자 온 경우도 있었거든요. 2회 때는 감정을 읽어주는 방법을 가르쳐 주고, 자신의 사례로 감정을 읽어주는 연습을 합니다. 그리고 마지막에는 자신의 감정을 읽어주는 시간을 가졌습니다.

부부간에 서로 감정표현을 잘 할 수 있을까 하는 걱정은 기우였습니다. 자신의 이름을 부르며 우는 사람, 깊은 속마음 이야기를 하며 어깨까지 들썩거리며 우는 사람들도 있었습니다. 특히 남편들이 더 많이 울고 더 많이 감정을 쏟아냈습니다. 미처 예상하지 못했던 사건(?)이었습니다.

남자의 감정, 문화적 세뇌에 희생되다

2012년 5월 14일 방송된 EBS 다큐프라임 〈심리다큐 남자 1부-남자의 마음〉을 보면, '감정은 생존을 위해 뇌가 기억하는 어떤 것'이라고 말합니다. 남자들도 평소에 감정을 자주 표현하고 살아야 생존에 유리하다는 말입니다. 실제로 남자의 수명이 여자에 비하여 짧은 것도 감정을 억압하고 살아서 그렇다고 합니다. 감정이 수명에까지 직접적인 영향을 미친다는 사실입니다.

방송을 보니까 아빠들이 감정을 잘 알아차리지 못하고 공감능력이 부족한 것도 '문화적인 세뇌'의 결과였습니다. '남자니까 이래야 한다는 것'에 길들여진 것이지요. 태어날 때부터 감정을 잘 읽지 못하는 사람들이 아니었다는 겁니다. 사실 태어날 때는 남자가 훨씬 감정을 풍부하게 표현한답니다. 태어나면서 남자 아이가 더 크게 웁니다. 갓난아기 때도 배고프거나 조금이라도 감정적으로 불편하면 금방 표현하고, 더 강하게 표현하는 것 보면 정말 그렇습니다.

자라면서 서서히 문화적으로 길들여지기 시작하면 4~6살 시점에서 남자의 공감능력이 여자보다 현저히 떨어진답니다. 사춘기가 시작되면 거의 성인 남자와 공감능력이 같아진다고 합니다. 감정이 없어지는 것이 아니라 안으로 억압되어 버린다는 겁니다. 문화적인 세뇌, 정말 무섭습니다. 결국 남자들은 억울한 입장이었던 겁니다. 참 안타깝습니다.

우리는 이러한 남자에게 여자 마음도 몰라준다고 원망하고 한탄했습니다. 심지어 남편이 감정을 공감해주지 않는다며 이혼까지 하는 부부들이 얼마나 많습니까? 모든 것이 오롯이 남자들만의 책임은 아닌데 말입니다.

부부를 대상으로 한 부모교육 후에 아빠만을 위한 부모교육을 실시했습니다. 앞서의 교육을 통해 남자들의 심리를 조금이나마 파악하고, 남자들 역시 감정을 드러낼 수 있는 사람들이라는 것을 알게 되었습니다. 하지만 남자들만 상대로 어떻게 부모교육을 할지는 난감했습니다.

'과연 남자들끼리도 공감을 해 주고 공감을 받아줄 수 있을까?'

아빠만의 부모교육에, 부부를 대상으로 한 부모교육에 참여한 남편 두 분이 다시 참여했습니다. 저는 이 분들에게 참여 동기를 물었습니다.

"지난 번 강의가 너무 쇼킹했어요. 제 감정을 들여다보는 게 일생일대의 사건이었죠. 어디에 중독된 것 같다고나 할까요? 다시 경험해 보고 싶은 생각에 참여하게 되었습니다."

'쇼킹한 일', '일생일대의 사건', '중독된 것 같다'

남자가 감정을 만난다는 것이 어떤 느낌인지를 단번에 알 수 있는 말이었습니다.

저는 아빠만을 위한 강의를 통해 남자들이 감정에 더 섬세하고 깊이 있게 반응한다는 것을 느끼고 있습니다. 강의 때 감정 카드로 감정을 읽어주는 시간이 있었습니다. 한 사람이 자신의 사례를 말하면 다른 사람들이 사례자에게 감정카드를 사용하여 감정을 읽어주는 것입니다. 돌아가면서 감정을 읽어주는 남자들을 보면서 서로의 감정이 왔다 갔다 하는 것을 느낄 수 있었습니다. 상대의 감정을 읽어주면서 눈시울이 붉어지기도 하고 진심으로 공감해주는 마음이 느껴졌습니다.

더 놀라운 사실은 엄마들보다 아빠들이 더 많은 감정을 사례자에게 전해주더라는 것입니다. 67개의 감정 카드 중에서 사례자에게 해당되는 감정을 거의 모두 읽어주는 것이었습니다. 감정 읽어주기를 마친 후 사례자와 감정을 읽어주었던 사람들 모두에게 소감을 물어보았습니다.

"사례자의 감정을 읽어 주면서 나도 공감하게 되고, 그래서 사례자를 도와주고 싶다는 마음이 들었습니다."

"서로의 감정이 연결되어 흐른다는 느낌이 듭니다."

"감정을 말하는 것이 이렇게 행복한 일이라는 걸 확실히 알겠습니다. 어색하지만 오늘 집에 가서 시도해 봐야겠습니다."

저는 여자와 남자를 비교해서 공감능력의 우열을 가리려는 생각은 없습니다. 단지 남자들도 섬세하고 풍부하게, 어쩌면 여자들보다도 더 상대의 감정을 잘 읽어줄 수 능력이 있다는 사실을 알리고 싶을 뿐입니다. 정말 놀라운 일이었습니다.

아빠들의 느낀 점을 들으면서 제 마음에도 희망의 등불 하나가 '반짝' 켜졌습니다. 아빠들은 원래 감정에 무디니까 아빠교육을 해도 별 효과가 없을 거라고 생각했는데, 제가 모르고 있었거나 잘못 알고 있었던 부분이 많다는 것을 인정해야 했습니다.

혹시 아들이 감정 공감을 해 주지 않아 서운한 엄마들이 있다면 충분히 희망을 가져도 좋습니다. 엄마가 자신의 감정을 충분히 아들에게 전달하면서 아들도 감정을 표현할 수 있도록 보살펴준다면, 오히려 딸보다도 더 감정이 풍부한 아이로 키울 수 있습니다. 정말 희망적인 말이지요.

남편도 마찬가지입니다. 어릴 때부터 남자라는 이유로 자신도 모르게 세뇌 당해서 감정을 억압하며 살 수밖에 없었던 남편을 아내가 도와주어야 하지 않을까요. 남편이 감정을 자연스럽게 표현할 환경을 만들어 주고 기회를 주어야 하지 않을까요. 그렇게 하다 보면 남편이 감정의 억압으로부터 벗어나 서서히 자신의 감정을 표현할 수 있게 될 테니까요. 메마른 남편의 가슴에도 감정의 꽃이 피어나도록 촉촉한 감정의 단비를 내려주면 어떨까요?

제가 앞으로 할 일이 하나 더 생겼습니다. 아빠들에게 감정을 만날 수 있도록 기회를 드리는 것입니다. 감정을 만나 소통이 되고, 소통이 바로 행복으로 직행하는 것임을 실감하며 살아갈 수 있도록 돕고 싶습니다. 그것이 가족 모두가 더 빨리 행복해지는 길이기도 하니까요.

엄마 부모교육을 해 보고는 엄마들에게 부모교육을 하는 게 가정을 빨리 회복하는 길이라고 생각했습니다. 부부 부모교육을 하고 나서는 부모 부모교육이 엄마 부모교육보다도 훨씬 효과가 크다는 것을 확인할 수 있었습니다. 아빠들만을 위한 부모교육 후에는 더 확신이 듭니다. 아빠들을 교육시키면 더 빨리 가정을 회복시키고 행복하게 만들 수 있다는 것을 알게 되었습니다. 돌아가는 방법보다는 정면승부가 더 효과가 크다는 것을 알게 되었습니다. 더 강한 저항은 항상 예견되어 있습니다. 그것 또한 제가 감당해야 할 몫입니다. 아빠들에게 더 빨리 감정과 만나게 해 주고 싶습니다. 남편과 아들에게 할 아내의 역할이 보이시지요?

마주하고
손잡고 안아주고

몇 년 전 제가 가르치던 반에서 어머니 한 분을 부모교육에 참여시킨 적이 있었습니다. 아이를 봤을 때 어머니에게 부모교육이 필요하다는 확신이 들었기 때문입니다. 제 권유에 어머니는 "몸도 아프고 바빠서 힘듭니다."라며 거절했습니다. 그 분은 병을 앓고 있는 건 아니지만, 가끔 뵐 때마다 늘 힘이 없고 안색이 안 좋았습니다. 저는 꼭 부탁드린다고 당부하였고, 그 분은 교육에 참여하였습니다.

교육 첫날, 그 어머니는 이렇게 참여 이유를 밝혔습니다.

"아이 키우는 게 너무 힘드네요. 지치고 힘들어서 다 포기하고 싶을 때가 많아요. 잘 키우지도 못하는데 뭐 하러 낳았을까 싶어요. 제 스스로가 참 어리석어 보입니다."

강의가 진행되면서 그 분은 저에게 고민을 털어놓았습니다.

"우리 아이한테 정이 안 가요."

평소에 아이와 스킨십을 하는지 물었습니다. 아주 어릴 때는 안아주었지만, 서너 살 무렵부터 안아주지 않았다고 합니다. 이제 겨우 초등학교 2학년인 아들을 안아주는 게 어색하다고 합니다.

저는 그 분에게 아이와 스킨십을 해 보도록 과제를 내었습니다. 갑자기 하면 어색하니까 가족끼리 칭찬을 하고 마지막에 안아주기로 인사하고 재우기로요. 일주일간 숙제이니 반드시 해야 한다고 거듭 당부했습니다.

그 다음 주, 그 어머니가 환한 얼굴로 나타났습니다.

"아이들과 감사한 일을 말하고 안아주기를 했습니다. 처음에는 너무 어색해서 하지 않으려고 했는데, 큰 아이가 너무 좋아하는 겁니다. 다음 날부터 아이들이 먼저 감사하고 안아주기를 챙기더군요. 일주일 정도 하니까 우리 가족이 모두 행복해졌습니다. 처음으로 가족과 행복한 감정을 공유해 봅니다."

어머니는 기쁨의 눈물을 글썽였습니다.

감사 나누기를 한 우리 반 아이에게도 변화가 생겼습니다. 얼굴을 덮었던 어두운 기색이 사라졌습니다. 뿐만 아니라 늘 혼자 앉아만 있던 아이가 친구들이랑 서서히 장난을 치는 모습도 보였습니다. 얼마 지나지 않아 그 아이는 우리 반에서 활발하게 친구들과 생활하게 되었습니다.

말보다 스킨십이 더 쉽다

아이와 스킨십이 서툰 엄마들은 말도 서툽니다. 감정을 나누는 말을 하는 것이 무슨 뜻인지 이해하지도 못합니다. 이런 엄마들에게는 말보다 스킨십을 먼저 시도해 보라고 주문합니다. 스킨십으로 마음의 문이 열리면 대화는 자동으로 연결됩니다. 스킨십도 대화입니다. 스킨십으로 많은 이야기를 나눌 수 있다면 대화를 조금 덜 해도 충분히 보완 됩니다.

사랑하는 가족과의 스킨십은 가족을 살립니다. 부모에게 사랑받지 못해서 시들었던 아이가 부모의 손길 한 번에 단비 맞은 것처럼 금방 살아납니다. 부모도 함께 살아나는 기적 같은 행위입니다.

제 딸과 소통하며 행복하게 살 수 있었던 데에는 스킨십이 큰 역할을 했습니다. 아이가 어릴 때부터 실천한 '쭉쭉이 사랑법' 덕분이라고 확신합니다. '쭉쭉이 사랑법'은 제 딸이 네 살부터 해준 스킨십을 말합니다. 저뿐 아니라 많은 부모들이 자녀에게 해주는 마사지이기도 하지요. 저는 딸이 잠들기 전에 딸의 온 몸을 마사지하며 성장점을 꾹꾹 눌러주고 안아주면서 "우리 딸 잘 자!" 하고 속삭인 후 재웠습니다. 아침에 일어날 때도 마찬가지로 마사지를 하면서 "우리 딸 잘 잤어?" 하고 귀에 속삭였습니다.

이런 스킨십으로 매일 아침 깨우니 웬만하면 두세 번 만에 기분 좋은 모습으로 일어납니다. 쭉쭉이 사랑법은 딸이 미국에 갈 무렵인 고등학교 1학년 때까지 계속되었습니다. 방학 때 딸이 귀

국하면 쭉쭉이 사랑법을 했습니다. 지금도 딸을 만나러 가면 임신 때문에 부은 다리를 열심히 주물러 주었습니다. 얼마나 행복하던 지요. 이런 스킨십으로 딸과 많은 감정을 주고받습니다. 때론 말보다 스킨십이 훨씬 더 진합니다.

> 내 생각으로는 부모 자식 간의 대화에서
> 말보다 더 중요하고 확실한 것이 바로 스킨십인 것 같다.
> -서천석, ≪믿는 만큼 자라는 아이들≫

저도 이 말에 100% 공감합니다. 학교 현장에서도 말로서 잘 안 되는 아이들에겐 스킨십을 많이 동원합니다. 수업시간에 수시로 감정이 올라오는 ADHD 증상을 보이는 아이 곁을 자주 지나갑니다. 머리에 '기름칠'(머리를 여러 번 쓰다듬는 행동)을 해 주러 가는 거지요. 이런 아이들까지도 순한 양으로 만드는 게 스킨십입니다.

여자 아이에 비해 언어적 공감 능력이 떨어지는 남자 아이일수록 스킨십이 더 효과가 있습니다. 남자들은 별 말이 필요 없습니다. 어깨를 토닥토닥 해 주고 머리를 쓰담 쓰담 해주면 그걸로 충분합니다. 아주 행복해 합니다.

사춘기가 되면 말보다 스킨십을 더 많이 활용해야 합니다. 한참 예민한 사춘기 때에는 부모가 말을 조금만 크게 해도 더 까칠하게 반응하고, 말을 많이 하면 잔소리나 간섭으로 받아들이는 시기입니다. 감정적으로는 '감정의 홍수' 시기라고 하잖아요. 그래서 부모가 자녀의 감정을 더 많이 읽어주고 더 다독여줘야 할 시기입니다.

"우리 아들 힘들지!" 하며 어깨나 등을 한 번 툭툭 치며 말해주면 아들에겐 최고의 소통입니다. "우리 딸, 큰다고 애쓴다. 고생이 많구나!" 하며 안아주면 최고의 부모입니다. 백 마디의 말보다 훨씬 더 효과적인 소통 방법인 것입니다.

어릴 때부터 스킨십을 많이 해서 키우면 자랄수록 더 잘 받아줄 테지요. 사춘기가 되어도 자연스럽게 감정의 유대관계가 연결될 겁니다. 스킨십을 많이 받은 아이가 부모에게도 많이 표현해줄 수 있습니다. 서로를 소 닭 보듯 하는 부모와 자녀 사이보다는 덜 외롭겠지요. 스킨십도 연습이고 습관이거든요.

토닥토닥, 쓰담 쓰담, 방긋방긋. 가족끼리 할 수 있는 스킨십 삼종세트입니다. 잘 기억해서 활용하기 바랍니다.

아이 자존감의 비밀, 감정 읽어주기

감정은 내 마음의 온도계입니다. 마음의 온도계는 감정의 크기에 따라 오르락내리락 합니다. 감정이 지나치게 상승하면 온도계의 온도가 높아지면서 소위 '뚜껑 열리는' 상태가 됩니다. 감정은 자극에 의해 만들어지는데, 똑같은 자극을 받아도 어떤 사람은 마음의 온도계가 크게 오르며, 또 다른 사람은 온도가 크게 오르지 않습니다. 우리 아이의 마음의 온도계는 어떤가요? 아이의 감정은 안녕한가요?

감정을 읽어주면 자기 주도력이 생긴다

제가 1학년 담임을 할 때의 일입니다. 쉬는 시간 종이 울리자 유진이가 5초도 안 되어서 달려옵니다.

"선생님, 친구들이 나랑 안 놀아줘요."

하던 일을 다 내려놓고 아이를 쳐다보며 말을 들어주면서, "그

랬구나, 그랬어?"라고 호응해 주었습니다. 그때 교실에 앉아있던 민준이가 슬그머니 나왔습니다. 우리의 대화를 귀 쫑긋해서 듣고 있네요. 선생님 한 번, 유진이 한 번 번갈아 보면서 말입니다.

"속상했어? 속상했지?"

불쑥 끼어드는 민준이의 말에 유진이가 순간 말을 딱 멈췄습니다. 그 순간 둘의 눈이 딱 마주쳤습니다. 유진이가 민준이를 보고 씩 웃더니 뛰어 나갔습니다. 유진이는 이야기하다 말고 어디로 간 걸까요?

유진이는 적진(?) 속으로 갔습니다. 자기랑 그렇게 안 놀아준다던 그 적들(친구들) 속으로 몸을 던진 겁니다. 어떤 힘이 이 아이를 다시 그 적들 속으로 돌아가게 했을까요? 그 용기가 어디서 생겼을까요?

저는 "가서 놀면 되지."하고 설득하거나 강요하지 않았습니다. 위로도 하지 않았고 아무런 해결책도 제시하지 않았습니다. 유진이의 마음을 움직인 건 민준이였습니다. "속상했어?"라며 감정을 읽어주는 말 한 마디에 유진이의 감정이 쑥 내려간 것입니다. 그리고 자기가 할 수 있는 좋은 행동을 스스로 찾아서 실천했습니다. 스스로 문제를 해결했습니다. 이것이 바로 문제해결력이고, 자기 주도적인 행동입니다. 자기 주도적으로 문제해결을 했을 때 유능함이 생겨납니다. 유능함을 경험하면 자존감이 올라갑니다.

"아, 나도 이렇게 하니까 되는구나."

"나는 뭐라도 할 수 있는 아이구나."

"다음에 이런 것도 하면 되겠구나."

이렇게 용기가 생기면 다른 문제가 발생했을 때 주눅 들지 않고 또 한 발짝을 내딛게 됩니다. 스스로 할 수 있는 힘! 이게 아이의 자존감입니다. 아이 자존감의 비밀은 바로 감정을 읽어주는 일이 시작입니다.

또 다른 예를 한 번 볼까요? 몇 년 전 제 반에서 있었던 일입니다. 미지란 여자 아이가 친구랑 싸운 후 집에 가서 엄마에게 일렀습니다. 아이가 일러바칠 때는 자신에게 유리한 말만 합니다. 어른들도 그런데 아이는 오죽할까요? 이 사실을 세상 모든 사람들이 알고 있지만 우리 아이가 말할 때 부모는 이 사실을 까마득하게 잊어버립니다. 아이 말만 들리는 겁니다.

"친구들이 나랑 안 놀아주고 왕따를 시켜."

이 말에 부모가 감정이 올라옵니다.

"누가 그랬어? 무슨 일로 그랬는데?"

아이 말을 들어 보니까 기가 막힙니다.

'내 아이가 학교에서 이런 대접을 받고 있었다니.'

왕따를 시킨 수민이라는 아이가 눈앞에 있다면 당장 어떻게 할 기세로 화를 냅니다. 이렇게 화를 펄펄 내다가 아빠가 퇴근하고 오니까 이 사실을 알립니다. 아빠는 엄마보다 더 감정적인 사람이라 아예 뚜껑이 열려 버립니다.

"그 아이 어디서 살아? 얼른 앞장 서!"

아빠가 갑자기 화를 내니까 엉겁결에 온 가족이 집을 나섭니다. 엄마, 아빠, 미지 이렇게 셋이서 갑자기 수민이네로 쳐들어갑니다. 수민이네 집에선 깜짝 놀랄 일이지요. 그 집에는 아직 아빠가 퇴근하지 않았으니 천만다행입니다. 수민이네 집에서 미지 아빠는 자기감정을 있는 대로 다 표출합니다. 수민이 엄마가 미안하다고 사과해도 막무가내입니다. 미지 아빠는 하고 싶은 대로 한 이후에는 마지막으로 수민이와 엄마를 향해 경고의 말을 합니다.

"한 번만 더 이런 일 있으면 그 때는 가만히 있지 않을 겁니다. 알아서 하세요!"

가족은 집으로 돌아옵니다. 그 다음날 수민이가 학교에 오지 않았습니다. 아파서 못 온다는 엄마의 짧은 메시지를 받았고, 수업이 마치지도 않았는데 아빠가 전화를 했습니다.

전화를 받자마자 자신의 이야기를 쏟아 놓습니다. 학교에서 뭐 하는 거냐며 당장 아이를 전학을 시킬 것이고, 교육청에도 전화하려다가 참고 제게 했답니다. 제가 감정을 읽어주고 학교에서 잘 지도하겠다고 해도 막무가내입니다. 그래도 계속 감정을 읽어주었습니다. 그렇게 몇 십 분을 자신이 할 말씀만 하시더니 마지막은 제게 이렇게 경고하고 끊습니다.

"앞으로 한 번만 더 이런 일 있으면 우리 수민이 당장 전학시키고 교육청에도 전화할 겁니다. 알아서 하세요."

안타깝다는 생각이 들었습니다. 미지가 바라는 건 이런 게 아니었을 텐데…. 부모님은 외동딸 미지를 사랑해서 자신들의 방법으로 딸을 보호했던 겁니다. 미지와 엄마를 돕고 싶어서 엄마를 학교로 오시게 했습니다. 엄마에게 먼저 감정을 읽어주었지요. 엄마가 바라는 건 미지가 사이좋게 학교에 잘 다니는 거라고 말씀하셨어요. 아빠나 엄마의 대응 방법이 미지를 돕는 것이었는지를 물어보았습니다. 스스로 알아차리셨는지 그건 아닌 것 같다고 하였습니다. 아이 스스로 이 문제를 해결하고 성장할 기회로 만들어 주면 어떻겠느냐는 말에 그러고 싶다고 답했습니다. 엄마가 보는 앞에서 미지와 상담을 시작했습니다.

"우리 미지, 어제 많이 속상하고 힘들었지!"
(아이 감정을 먼저 읽어준다.)
"네⋯."
"어떤 일이 있었는지 선생님에게 이야기 해 줄 수 있어?"
"있잖아요, ○○가 갑자기 나를 못 본 체 했어요."
"너무 속상했겠다."
"그리고요, 친구들한테 나랑 못 놀게 했어요."
"미지야, 정말 외로웠겠다. 너무 슬펐지?"
"근데요, 진짜 화나는 건요, 제 스마트폰에 우리 엄마 욕을 했어요."
"정말이니? 엄청 화났겠다."
(아이가 겪었던 일 이야기를 해서 그때그때 소극적, 적극적 경청을 해 주었습니다.)

"미지야, 어제 부모님께 이런 말 했을 때 엄마랑 아빠가 친구 집에 가서 막 따져주고 화도 내 주고 친구랑 친구 부모에게 그렇게 무섭게 하고 오니까 너, 기분 괜찮았어?"

"아니요, 너무 싫었어요. 그리고요, 아빠가 그렇게 하니까 정말 무서웠어요."

"그러면 너는 엄마랑 아빠가 어떻게 해 주기를 바랐어?"

"그냥요, 그렇게 무섭게 하지 말고요, 내가 말할 때요, 그냥 먼저 들어주면 좋겠어요."

"아, 미지는 엄마랑 아빠가 네 말을 먼저 좀 잘 들어주면 좋겠다는 말이구나?"

아이가 바란 것은 친구와 앞으로도 사이좋게 잘 놀고 싶은 것이었습니다. 그 해결책이 엄마 아빠가 자기편을 들어주는 방법도 아니었고, 전학 가는 것은 더 더욱 아니라고 미지가 말했습니다. 미지가 스스로 찾은 해결책은 내일 아침에 수민이에게 먼저 사과하는 것이었습니다. 다음 날 미지는 학교에 오자마자 수민이에게 사과하였고 언제 그런 일이 있었냐는 듯 잘 놀게 되었습니다.

앞으로 또 싸울 겁니다. 싸우면서 자라는 게 정상 아닌가요? 세상에 안 싸우면서 자라는 아이는 한 명도 없을 겁니다. 오히려 안 싸운다는 건, 아무런 힘든 상황을 안 만든다는 건데 그 아이가 삶의 면역력을 제대로 기를 수 있을까요? 한마디로 내 아이가 가끔 싸우는 게 정상이라는 겁니다. 어릴 때는 더 더욱요. 그럴 때마다 부모가 개입해서 아이를 더 힘들게 하지는 않았는지 생각해 보았으면 합니다.

도와준다면서 일을 더 그르치게 하지는 않았는지요? 아이가 도와달라는 말은 그냥 마음만 좀 읽어달라는 말입니다. 스스로 문제를 해결할 수 있도록 감정을 읽어달라는 말입니다. 아이 스스로 문제를 해결할 능력이 생길 수 있도록 말입니다.

세상의 모든 아이들은 스스로 문제를 해결할 수 있는 능력을 가지고 태어납니다. 무조건 내버려 두라는 말은 아닙니다. 스스로 해결할 수 있는 힘이 생기도록 감정을 읽어주라는 말입니다. 더 자주, 더 많은 문제 상황을 만나고 그럴 때마다 부모가 감정을 읽어주고 공감해 준다면 이 아이의 문제해결력은 쑥쑥 자랄 것입니다. 문제해결력이 생기면 유능 감이 생깁니다. 유능 감은 바로 아이의 자존감입니다. 아이 자존감의 비밀은 아이의 감정을 읽어주는 것입니다.

도움을 요청하는
대화의 기술

부모교육에 오신 어머니들 중에는 목이 쉰 분들이 있습니다. 감기 때문이 아니라 계속 목이 잠겨 있는 거예요. 부모교육을 진행하다가 목이 쉰 이유를 알게 되었습니다. 남자아이 둘을 키우고 있는데, 아무리 타일러도 해도 안 되니까 고함을 지른다는 겁니다. 고함을 질러도 잘 안 듣지만 고함을 지르면 놀라기는 하니까 그럴 수밖에 없답니다. 그 어머니의 하소연에 여기저기서 맞장구를 칩니다. 오죽했으면 남자 아이 둘을 키우면 '깡패엄마'가 된다는 말까지 있을까요.

목이 쉬고 진이 빠져 기진맥진해진 엄마들을 만날 때면 마음이 아픕니다. 고상한 싱글 시절도 있었는데, 엄마가 되기 전에는 제법 잘 나가던 여자였는데. 다시 고상하고 잘 나가는 여자가 되기를 바라는 마음이 절로 듭니다. 거기다 행복까지 덤으로 얹으면 더 좋지요.

아이가 늘 엄마의 속을 뒤집어 놓아서 고상해질 수 없다고요?

맞습니다. 엄마도 사람이에요. 화날 때 화난 감정을 표현해야 하는 사람입니다. 그래야 살 수 있어요. 엄마도 '뚜껑 열리는' 상황이 많습니다. 아이들이 자꾸 고상한 엄마를 깡패로 만듭니다. 그러니 어쩌겠어요. 고함을 지르는 수밖에요.

제가 고함을 지르지 않고 아이와 이야기할 수 있는 방법을 알려 드리겠습니다. 우아한 엄마가 되기 위해 반드시 배우면 좋겠습니다.

'나-전달법' 기억하세요? 앞서 잠깐 이야기했던, '나의 감정 전달법'입니다. 행복한 나, 효과적인 부모가 되기 위해서는 소통을 할 수 있어야 하고, 소통은 바로 감정을 주고받는 일입니다.

엄마가 아이에게 자신의 감정을 전달해야 하는 이유는 아이에게 도움을 받기 위해서입니다. 아이에게 무슨 도움을 받느냐고요? 엄마의 힘든 감정을 보여주면 아이는 엄마를 도와주고 싶다는 생각을 하게 됩니다. 사람은 누구나 힘이 약한 사람을 도와주고 싶다는 생각을 합니다. 그게 인지상정이거든요.

엄마가 아이의 행동 때문에 힘든 감정을 솔직히 말하면, 아이는 엄마가 자기 때문에 힘들다는 것을 알아차립니다. 그리고 그에 대한 책임감을 느낍니다. 자기 때문에 힘들다는데, 가만히 있으면 안 되겠다는 생각을 합니다. 뭐든 도와주고 싶은 마음이 드는 겁니다. 엄마를 힘들게 한 그 행동을 좋은 행동으로 바꾸는 것이 엄마를 돕는 것이라고 알아차립니다. 그리고 스스로 행동을 바꾸기 위해 노력합니다. 아이가 가장 바라는 건 세상에서 가장 사랑하는 내 엄마를 행복하게 해 드리는 일이거든요. 어떻게든 엄마에게 잘 보이려고 애쓴다는 겁니다.

엄마는 자신이 아이를 더 사랑한다고 생각할 겁니다. 하지만 아이도 마찬가지입니다. 아이는 엄마의 사랑을 받아 먹어야만 살 수 있습니다. 아이는 어떨 때 엄마의 사랑을 받을 수 있는지 본능적으로 알고 있습니다. 자신이 예쁜 짓 할 때 엄마가 사랑해 준다는 것을요. 엄마 마음에 들게 행동하는 것이 자신이 살아남는 방법이라는 것을요. 예쁜 행동을 할 수밖에 없습니다.

아이가 엄마를 더 사랑하고 있으니까, 일단 마음을 푹 놓고 나를 힘들게 하는 아이의 행동에 대하여 솔직한 감정을 전달하면 됩니다. 아이가 자신의 행동을 바꾸려고 얼마나 노력하는지 느껴질 겁니다. 그렇게 노력하는 그 모습이 엄마를 돕는 것이죠. 아이의 노력하는 몸짓, 마음을 엄마가 얼른 알아차리면 됩니다. 이렇게 아이의 도움을 받기 위해 나의 감정을 전달하는 것이 나-전달법입니다.

도움을 요청하려면 있던 힘도 다 빼야 합니다. 그래야 도움을 쉽게 받을 수 있어요. 나약하게 보이라는 말이 아닙니다. 명령하고 강요하지 말라는 의미입니다. 도움을 받으려는 사람이 명령하고 강요할 수는 없습니다. 엄마는 아이에게 도움을 받으면 아이가 나를 사랑하고 배려한다고 느낍니다. 이럴 때 우리는 행복하다고 느낍니다.

그런데 엄마들은 늘 명령하고 강요만 합니다. 부모가 명령하고 강요하면 아이는 순종하고 복종해야 합니다. 부모 앞에 아이는 나약한 존재잖아요. 아이를 약자로 만드는데 어떻게 부모를 도와주고 사랑해주고 배려해 줄 마음의 힘이 있을까요?

아이로부터 순종, 복종을 받기를 원하세요? 사랑과 배려를 받기를 원하세요? 둘 다 가질 수는 없습니다. 사랑이나 배려를 받는 기술이 '나-전달법' 입니다.

내 감정을 전하고 아이가 엄마를 도울 수 있도록 기회를 주세요. 세상에 엄마의 말을 안 듣고 싶은 아이는 아무도 없습니다. 엄마를 도우려는 아이의 선한 의도를 믿고 감정을 전달해 보세요. 귀한 내 자식에게 내가 상처주고 상처받을 이유가 없습니다.

감정의 복리 저축,
감사의 나 전달법

아이가 좋은 행동을 하면 당연하다고 생각하시나요? 그래서 그냥 지나치나요? 이때를 놓치지 않아야 합니다. 아이가 좋은 행동을 할 때 부모가 느끼는 좋은 감정을 아이에게 전하면 효과가 몇 배는 강력해요. 마치 건강할 때 더 운동해서 근력을 보강하는 거랑 같습니다. 저축했는데 어느 날부턴가 복리이자가 붙으면 대박이라는 느낌이 들지요. 딱 그겁니다. 평소에 전하는 감정보다 행복이 몇 배로 늘어나니까 복리저축인 거예요.

평소에 마음의 복리 저축을 많이 부어두면 든든합니다. 혹시 살다가 감정이 조금 안 좋을 때가 있어도 괜찮아요. 복리이자가 조금 빠져 나간다고 큰 이상이 생기진 않으니까요. 다음에 관계가 좋을 때 복리저축을 하면 되니까요.

행복한 감정을 두 배로 늘리기

'감사의 나-전달법'은 관계가 좋을 때 하는 대화법입니다. 아이가 좋은 행동을 할 때 부모의 감정을 전하면 아이는 그 행동을 부모를 위해 자꾸 하게 됩니다. 아이들의 지상 최대의 목표는 엄마에게 잘 보이는 것이기 때문입니다.

좋은 행동할 때 좋은 감정 전하기 1
아들아! 네가 숟가락을 놓아주니까 (좋은 행동)
엄마가 힘이 덜 들고, 엄마가 사랑받는다고 느껴져서 (좋은 영향)
너무너무 행복해. 고마워! (좋은 감정)

이 아이는 엄마가 밥하는 소리만 들어도 엄마에게 숟가락 놓아도 되냐고 물어볼 거예요. 생각만 해도 귀엽고 사랑스럽지 않나요? 이게 가족의 사랑이 아닐까요? 가족에게 받는 사랑은 참으로 큰 행복을 주고 에너지를 전해줍니다. 감사의 나-전달법을 많이 사용할수록 관계가 좋아지고 행복해지는 것을 느낄 수 있을 것입니다. 남편에게도 감사의 나-전달법을 사용해 보겠습니다.

좋은 행동할 때 좋은 감정 전하기 2
여보! 당신이 설거지를 해 주니까 (좋은 행동)
내 시간도 확보되고, 당신이 나를 너무 많이 사랑해 주는 것처럼 느껴져서 (좋은 영향)
정말 행복해! 너무 고마워! (좋은 감정)

부모교육에 참여한 남자 분(남편)에게 물었습니다.

"아내가 이런 말 해주면 어떻겠어요?"

"말해 뭣해요! 코피 터지도록 설거지 해 주죠!"

바로 이겁니다. 남자는 사랑하는 내 아내가, 내 가족이 행복하다고 하면 목숨을 걸 수 있습니다. 이런 말에도 반응 없는 남자라면 다시 생각해 봐야겠지요. 감사의 나-전달법은 닭살 돋는 표현이 많습니다. 하지만 그러면 어떻습니까. 처음에 오글거려도 연기도 자꾸 해 보면 늘어요. 내 가족이 행복해지고 내가 행복한데 못할 게 뭐가 있어요. 저도 감사의 나-전달법을 잘 사용하고 있습니다. 딸에게 감사의 나-전달법으로 보낸 메시지를 소개하겠습니다.

> 딸아! 네가 사준 립그로스 바르고 부모교육 잘 마쳤다.
> 입술이 하루종일 촉촉해서 강의도 잘 되더라.
> 바를 때마다 울 딸 생각이 나네.
> 엄마를 챙긴 맘이 넘 예쁘고 감동되어서
> 사랑받는다고 느껴져서
> 넘 행복해, 고맙다. 내 딸.
> 사랑해~♡♡♡

💬

> 이쁘게 잘 발라요~ 떨어지면 또 사줄게.
> 피곤하지는 않아? 건강 잘 챙겨가면서 해~

엄마의 문자에 립스틱이 떨어지면 또 사 준다고 말해주는 딸의 답을 보세요. 엄마는 솔직한 감정을 전한 것뿐인데, 딸이 사준 립스틱 덕분에 행복하고 사랑받는다고 느껴진다는 마음을 전한 것뿐인데, 립스틱이 더 생기게 되었네요. 엄마의 마음 전달에 딸은 더욱 더 엄마를 위한 행동을 하려고 합니다. 기꺼이, 행복한 마음으로. 이것이 바로 감사의 나-전달법입니다.

우리 가족을 내 편으로 만드는 가장 빠른 방법이 감사의 나-전달법이라고 확신합니다. 덜 자상한 남편을 자상한 남편으로 서서히 둔갑시키는 방법도 이것입니다. 우리 가족을 더 행복하게 만드는 지름길도 바로 감사의 나 전달법입니다.

만약 말로 하기가 쑥스럽다면 문자 메시지로 먼저 시작해 보세요. 몇 번 오글거리는 것을 참아내면 그 다음부턴 할 만 합니다. 남자들이 감사의 나-전달법에 더 취약하답니다. 고맙고 행복하다는 말에 남자들이 아주 약하지요. 계속 실천해 보고 그래도 안 넘어온다 싶으면 제게 따져도 돼요. 그만큼 효과가 있다는 것을 자신한다는 의미입니다.

둘 다 Win-Win 해야
최고의 소통

"딸아, 컴퓨터를 매일 세 시간 동안 하는 것을 보니까 엄마가 마음이 불편해. 더 중요한 일을 대강 해 치우는 것 같아 보여."

"내가 다 알아서 한다니까."

저 역시 나-전달법을 통한 감정 전달이 처음부터 잘 되었던 것은 아닙니다. 아무리 감정을 잘 전달해도 사춘기 딸의 컴퓨터 사용 욕구를 자제시키기 어려웠습니다. 갈수록 갈등이 심해졌지요. 이럴 때 맞는 대화법을 알려드리도록 하겠습니다.

서로의 욕구를 파악하는 문제해결 6단계

첫 번째 방법은 문제해결 과정에서 엄마의 힘이 강한 경우입니다.

"너 지금 당장 컴퓨터 안 꺼? 컴퓨터 안 끄면 한 달 동안 컴퓨터 사용은 못할 줄 알아라!"

아이의 욕구는 무시하고 엄마 마음대로 해결책을 결정해 버리는 경우입니다. 엄마만 만족시키는 해결책이므로 당연히 아이의 욕구불만이 쌓이겠지요. 권위적인 부모들이 이런 방법을 주로 사용합니다.

두 번째 방법은 문제 해결 과정에서 아이의 힘이 강한 경우입니다.

"내가 알아서 해요! 내가 알아서 한다니까요!"

엄마의 욕구는 염두에 두지 않습니다. 자기가 하고 싶은 대로 결정해 버립니다. 엄마는 마음에 들지는 않지만 마지못해 아이의 욕구대로 해 줍니다. 아이는 '승'이고 엄마는 '패'입니다. 패한 엄마는 욕구불만이 엄청 쌓입니다.

첫 번째와 두 번째 방법은 누군가 한 사람은 욕구불만이 쌓입니다. 한 사람은 패자가 됩니다. 좋은 해결책이 아닙니다. 그래서 둘 다 욕구를 만족시키는 민주적인 해결 방법을 알려 드리겠습니다. 바로 문제해결 6단계입니다. 이것은 미국의 교육학자인 죤 듀이가 만든 것으로, 원래는 다섯 단계입니다. 여기에 토마스 고든이 준비단계(0단계)를 포함시켜서 여섯 단계가 된 겁니다.

1단계: 준비단계
문제를 해결하자는 동의를 구하는 단계

- 딸아, 요즘 너의 컴퓨터 사용에 대하여 계속 갈등이 있잖아. 엄마는 계속 마음이 쓰여. 너도 기분이 안 좋지? 이 문제를 잘 해결해서 너도 기분 좋고, 나도 기분 좋게 컴퓨터를 사용하면 좋겠어. 엄마가 배운 대화법 중에서 이 문제를 서로 좋게 해결하는 방법이 있더라고. 엄마랑 언제 한 번 해 볼래? 언제 시간이 있을까? 30분 정도면 돼.
- 난 금요일 저녁이면 좋겠어요.
  (엄마랑 딸이 금요일 저녁에 다시 만났습니다.)

2단계: 문제 정의
서로의 욕구가 무엇인지 정의하는 단계

- 넌 왜 매일 컴퓨터를 그렇게 해야 하는 거야?
- 재밌으니까.
- 구체적으로 뭐가 재미있다는 거야?
- 응, 친구랑 매일 만나서 이야기 나누는 게 재밌어.
- 아, 친구랑 매일 소통할 수 있어서, 그래서 컴퓨터를 해야 한다는 말이구나. (아이의 구체적인 욕구 찾기) 엄마는 네가 해야 할 일을 다 못 챙길까봐 염려가 되어서 그래. (엄마의 욕구 말하기)

3단계: 해결책 제시 및 평가
<u>둘 다 욕구를 만족시킬 수 있는 해결책을 제시하고 평가하는 단계</u>

- 매일 한 시간만 컴퓨터 하면 안 돼요?
- 아, 넌 매일 한 시간씩 컴퓨터를 했으면 하는구나. (아이의 말에 평가하지 말고 경청해 주면 됨)
- 난 네가 할 일을 다 해 놓고 컴퓨터를 하면 좋겠어.
- 내가 하는 일을 엄마가 좀 믿어주었으면 좋겠어요. 엄마가 자꾸 간섭을 하니까 더 하기가 싫어져요.
- 네가 하는 일을 엄마가 먼저 믿어주었으면 좋겠다는 말이구나.
- 네. 그래요.
- 주말만 컴퓨터를 하면 어떨까?
- 싫어요! 그건 절대 안 돼요.
- 주말만 하는 건 절대 반대라는 말이구나? (경청)
- 엄마는 네가 할 일을 다 하고 하더라도 1시간은 넘기지 않았으면 좋겠어.
- 그건 좋아요. 그런데 토요일에는 조금 늦은 시간까지 해도 돼요? 친구들도 토요일에는 늦게까지 컴퓨터를 하거든요. 새벽 1시까지만 허락해 주세요.
- 평소에 네 할 일을 다 한 다음 컴퓨터를 하고, 1시간 이상 넘기지 않기를 잘 실천한다면 토요일은 새벽 1시까지도 괜찮아.
- 또 다른 의견은 없을까?
- 없어요. 엄마는 이렇게 한 달쯤 실천해 보다가 안 되면 컴퓨터를 거실로 옮겼으면 해.
- 저도 그건 찬성이에요.

4단계: 해결책 결정
두 사람이 합의하여 해결책을 결정하는 단계

- 그러면 우리가 둘 다 찬성한 게 뭔지 정리해 보자.
1. 할 일을 다 한 후 하루에 한 시간만 컴퓨터 하기
2. 토요일은 새벽 1시까지만 가능
3. 엄마가 먼저 믿어주기
4. 한 달 실천 후 잘 안 되면 컴퓨터를 거실로 옮기기

5단계: 해결책 실행
정한 것을 실천하는 단계

- 우리가 정한대로 한 번 실천해 보고, 엄마랑 일주일 후에 만나서 다시 이야기 나눠보자.

이때 정리한 내용을 모두가 잘 볼 수 있는 위치에 붙여두고 실천하면 좋습니다. 또한 실천하는 과정에서 간섭하거나 감시하려고 하면 안 됩니다. 정 마음이 불편하면 한 번 정도의 나-전달법으로 감정을 전하는 건 괜찮습니다.

6단계: 재평가
실행 결과에 대한 평가, 검토하는 단계

- 일주일 정도 실천해 보니까 어땠어?

실행에 대한 평가를 하고 수정할 사항을 확인하는 과정입니다.

조금 복잡해 보일지도 모릅니다. 그러나 평소대로 화를 내거나 아이에게 졌다고 속상해 하는 것보다는 훨씬 낫습니다. 문제해결 6단계를 통해 문제를 해결하면서 살아가면 어떤 아이로 자라게 될까요? 문제를 적극적이고 능동적으로 해결할 줄 아는 사람이 됩니다.

삶은 늘 문제의 연속입니다. 문제가 발생할 때마다 엄마인 내가 땅을 치고 통곡하거나 화를 내면서 살아가실래요? 아니면 정면승부해서 하나씩 문제를 해결하면서 나아가실래요? 내가 요령 피워서 쉽게 얻으려 들면서 아이에게는 "삶과 정면승부 해라." 라는 말은 못하잖아요.

"삶으로 보여주는 것이 전부다."라고 합니다. 문제 상황이 생길 때마다 아이랑 이렇게 해결해 간다면 갈수록 문제해결력이 생기겠죠. 웬만한 문제는 문제도 아닌 것처럼 잘 해결하면서 살아가겠지요. 처음에 어렵지 나중에는 하나도 어려운 일이 아닐 거예요. 내가 이미 비슷한 일을 다 해결해 봤기 때문이죠.

"자, 어디 문제라는 녀석 한번 덤벼 봐, 내가 다 해결해 줄 테니까!"

마음 밭에
감정씨앗을 뿌리자

부모교육을 할 때 '감정카드 알아맞히기 게임'을 하는 시간이 있습니다. 4인 1조가 되어 한 사람이 감정카드를 설명하면 다른 세 사람이 알아맞히는 게임입니다. 알아맞힌 사람은 그 카드를 가져갑니다. 정해진 시간 안에 많이 알아맞힌 사람이 이기는 게임입니다.

    이 게임에서 카드를 많이 딴 사람을 유심히 봅니다. 정말 신기하게도 강의 중에 자신의 감정을 잘 풀어놓고 다른 사람들과도 거리낌 없이 소통하는 사람들입니다. 한 마디로 감정 표현을 적극적으로 하는 사람들이었습니다.

    카드를 많이 못 딴 사람들은 그 반대인 경우가 많았습니다. 다른 사람 앞에서 자신의 감정을 표현하는 것을 주저하거나 불편해하는 사람들이었습니다. 부끄러워하고 쑥스러워하는 것과 조금 다른 경우지요. 다른 사람들과 감정을 교류하며 소통하는 것을 불편해 하거나 필요성을 못 느끼는 분들도 있었습니다.

게임을 통해 알게 된 사실은 평소에 감정을 잘 표현하는 사람이 다른 사람의 감정을 더 잘 알아맞힌다는 것이었습니다. 또한 감정을 잘 표현하지 않는 사람들은 자신의 감정을 잘 모를 가능성이 높다는 것입니다. 자기감정이 무엇인지 모르니 표현할 수도 없었던 것입니다.

엄마의 감정 씨앗과 아이의 감정 씨앗은 같다

우리의 마음 밭에는 감정 씨앗이 뿌려져 있습니다. 그 씨앗은 감정이라는 물을 뿌려주어야 싹이 납니다. 감정을 하나씩 표현해 줄 때마다 감정의 씨앗이 하나씩 돋아납니다. 더 많이 공감해 주고 표현해 주면 감정 나무가 무럭무럭 자랍니다. 잎이 나고 줄기도 뻗어나가고, 나중에 더 풍성한 감정열매가 달립니다. 열매가 씨앗이 되어 감정 밭에 떨어지면 다시 싹이 자랍니다. 이런 선순환의 과정을 되풀이해야 감정이 풍부해질 수 있습니다.

그런데 감정 씨앗이 뿌려져도 싹이 돋아나지 못하는 경우가 있습니다. 돋아나도 잘 자라지 못하기도 합니다. 감정을 제때 표현해 주지 못하고 챙겨주지 못했기 때문입니다. 감정 나무에 열매가 맺혔는데 이상한 모습일 때도 있습니다. 한마디로 괴물 같은 감정 열매인 거죠. 주위에서 이런 경우를 찾아볼 수 있을 겁니다. 어떤 사람은 감정을 표현할 때 빛과 향기가 나지만, 다른 사람은 감정을 표현할 때 괴물처럼 변하기도 합니다.

어떻게 해야 마음 밭에 예쁜 감정 싹이 자라나고, 어떻게 해야 감정 씨앗을 잘 가꿔 예쁘고 건강한 열매를 맺을 수 있을까요? 감정 단어를 잘 사용하는 사람들을 살펴보면 그 답을 찾을 수 있습니다. 그들은 수시로 감정을 표현합니다. 작은 것, 사소한 것에도 감정을 잘 표현합니다. 더 정확하게 말하면 감동을 잘 하는 사람들입니다. 별 것 아닌 일에도 감동을 잘 합니다. 시도 때도 없이 감동하고 깔깔거립니다.

반대로 감동을 잘 하지 않는 사람들은 어떤가요? 감정 변화가 거의 없습니다. 화들짝 놀랄 만한 일에도 무덤덤합니다. 도대체 세상에 재미있는 일이 있는 건지, 물에 물탄 듯 술에 술탄 듯 밍밍합니다. 그렇지만 어느 날 갑자기 감정을 폭발하기도 합니다. 평소에 감정을 꽁꽁 싸매어 두었다가 도저히 참을 수 없을 때 불같이 화를 내는 것이지요. 예측불가입니다.

감정 표현을 많이 하는 사람들이 그런 사람들 옆에 가면 답답합니다. 도무지 그 속을 알 수가 없습니다. 그 속을 알 수 없다는 말이 바로 감정을 알 수 없다는 말입니다. 마음속을 잘 보여주고 사는 방법은 없을까요?

우리 삶은 늘 축제이고 이벤트일 수 없습니다. 매일 축포나 팡파르가 울릴 수 없습니다. 하지만 살아가면서 감동을 느낄 수 있는 작은 일들은 만날 수 있습니다. 풀잎에 맺힌 이슬방울에도 감동하고, 시원하게 불어오는 한 줄기 바람에도 감동할 수 있습니다. 책 속의 명문장 하나에도 감동하고, 남편이나 아이의 말 한 마디에도 감동으로 전율할 수 있습니다. 요란스럽게 굴라는 말이 아니라, 삶의 곳곳에 감정센스를 작동하며 살자는 의미입니다.

왜 마음 밭에 감정씨앗을 잘 가꾸며 살아야 하고, 엄마의 감정 센스가 잘 작동해야 할까요? 부모교육을 해 보면 엄마가 감정을 표현하는 만큼 아이도 감정을 표현한다는 사실을 알 수 있었습니다. 아이가 감정을 표현하는 게 서툴면 엄마가 감정표현에 서툴더라고요. 엄마와 아이가 얼마나 비슷한지 깜짝 놀랄 때가 많습니다. 우리 반 엄마들이 부모교육에 참석하니 바로 비교할 수 있었지요.

아이가 무뚝뚝하다면 엄마가 무뚝뚝해서 그런 겁니다. 엄마만 상처받았다고 서운해 할 필요가 없습니다. 아이도 엄마 때문에 상처받고 있었으니까요. 하지만 엄마는 아이가 상처를 받는지 알지 못합니다. 자신이 아이에게 그런 상처를 주고 있다는 것을 전혀 알지 못합니다.

제가 가르쳤던 아이 중에 항상 고개만 푹 숙이고 뭔가를 쓰고 있는 민정이란 친구가 있었습니다. 자신의 이야기를 하는 경우가 아예 없고 친구들이 다가가도 무반응이에요. 쉬는 시간도 혼자서 뭔가를 그리고 있어요. 전혀 행복해 보이지 않았습니다. 제가 말을 시켜도 입 속에서만 중얼거렸지요. 그 마음을 알 수가 없어서 답답하고 안타까웠습니다.

민정이의 어머니가 부모교육에 오셨습니다. 민정이와 똑같은 모습이었습니다. 말을 얼버무리거나 감정을 말하지 않고 피해가려고 하거나, 아니면 별 것 아닌 것처럼 축소하더라고요. 많이 안타까웠습니다. 엄마가 변하지 않는 한 민정이의 상태도 그대로일 것이라 생각했습니다.

최성애 박사는 '관계의 달인 되기' 강의에서 남녀가 이혼하지 않고 잘 살 수 있는 비결 중에서 감정 공감을 비중 있게 다루었습니다. 부모가 안정적이고 행복하게 사는 모습이 아이들이 건강하게 자라는데 지대한 영향을 미친다고 합니다. 자녀에게 줄 수 있는 가장 좋은 선물은 부모가 행복하게 사는 모습이고, 부부가 행복하게 살아가는 해법이 '감정 공감' 이라고 말합니다.

나 혼자만의 삶이라면 그냥 살아도 됩니다. 하지만 아이의 인생과 행복이 걸린 문제라면, 부모가 뭐든지 노력을 해 봐야 하지 않을까요? 그게 부모 된 책임감입니다. 부모가 감정의 나무를 잘 활용하며 살아야 하는 이유입니다.

마음 밭의 감정씨앗을 잘 가꾸어야 합니다. 그 싹이 자라서 무성해지면 열매도 맺습니다. 공감, 소통, 행복이라는 씨앗입니다. 행복의 씨앗은 대를 물려서 전수됩니다. 다음 세대에 또 씨를 뿌리고 열매 맺을 겁니다. 내 자식뿐 아니라 손주까지 행복해지는 일입니다. 오늘도 감정의 나무를 열심히 가꾸며 살아가면 좋겠습니다.

딸에게 쓰는 편지

고마운 내 딸!
네가 엄마에게 '마음박사'라는 학위를 주는 바람에 부모교육 강사가 되었네. 자녀들 감정을 어떻게 읽어주어야 하는지를 엄마들에게 가르쳐주는 일을 하고 있구나. 너를 키우면서 '감정'이 정답인지를 찾았고 그 답을 부모님들에게 전하는 일을 하고 있으니 네가 고마울 수밖에. 이제 엄마가 될 너에게 자식 키우면서 가장 중요한 건 '감정'이라는 말을 다시 전하려고 한다. 네가 엄마에게서 경험해 보았으니 부족한 것은 채우고 더 업그레이드해서 태어날 아이에게 적용했으면 좋겠어. 엄마 욕심인데 너도 네 아이에게 '마음박사' 학위 받는 엄마 되었으면 좋겠다. 응원할게.

사랑하는 딸아!
응원하는 의미로 엄마가 알고 있는 감정에 관한 팁 하나 더 알려줄게. 아이는 두 살 때까지 감정조절이 전혀 안 된대. 무조건 엄마가 달려가서 해결해 주어야 한대. 울면 얼른 달려가서 "우리 아기 배고파?" 하면서 엄마가 안아주고 젖을 물려주면서 말을 시켜야 한다는구나. 이러한 엄마의 모든 행동은 아이의 뇌세포가 형성되는 데 깊은 관련이 있다고 해. '아, 내가 울면 누가 바로 달려오는구나. 세상은 믿을 수 있는 곳이구나.' 아이가 이렇게 느낄 수 있는 거야. 악을 쓰지 않아도 자기 욕구가 채워지니까 순한 아이로 자란다는 말이지. 반대로 아이가 우는데도 먹을 것을 주지 않거나 아무도 나타나지 않으면 어떻게 될까. '내가 크게 울지 않으면, 악쓰지 않으면 아무도 나를 도와주지 않아. 세상은 믿을 만한 것이 못 돼.' 아이는 이렇게 느끼게 돼. 울고 떼써서 뭔가를 얻는 경험이 많아질수록 충동적인 성향을 갖거나 반대로 위축된 아이로 자랄 수밖에 없대. 그래서 두 살 전의 아이의 행동에 엄마가 즉시 반응하는 것이 중요해.

"졸리는 거야?" "쉬했어?" "신났어?" "기분이 좋구나!" 등 감정을 바로바로 읽어주는 거야. 이렇게 감정을 읽어주는 것이 가장 중요한 나이가 다섯 살까지라고 해. 특히 이 시기에 공감을 잘해주고 키우면 남자아이도 감정이 말랑말랑하고 뇌세포가 발달된대. 전두엽이 활성화되어 문제해결력이 좋은 아이로 자랄 수 있대. EQ(감정), IQ(지능) 둘 다 높은 아이로 자란다는 말이지. 한마디로 경쟁력이 있는 아이로 자랄 수 있는 바탕을 닦는다는 거야. 아이를 키우면서 아이의 감정을 잘 헤아리고, 엄마인 너의 감정을 전하는 데에도 소홀하지 마. 감정을 공유할 기회를 놓치지 않았으면 좋겠어.

소중한 내 딸!!
더 중요한 팁을 꼭 알려주고 싶어서. 아이의 감정을 잘 읽어주고 내 감정을 잘 전하는 엄마가 되려면 먼저 내 감정을 잘 읽어주어야 해. 나에게 먼저 감정 읽어주는 연습을 하라는 말이지. 감정이라는 녀석이 마음에 꼭꼭 숨어 있어서 잘 보이지가 않으니까 말이야. 내 마음이랑 대화를 해 보는 거야. 내 마음에게 매일 말을 걸어주고 안부를 물어주면 내 감정이 서서히 보이기 시작할 거야. 감정이 보이는 대로 읽어주면 감정 연습이 되는 거지. 자기 이름 부르면서 말이야.
"아라야, 오늘 힘들지? 피곤하겠다."
"아라야, 오늘은 정말 뿌듯하겠구나. 기분 좋겠다!"
이렇게 매일 나에게 연습하면 아이의 감정도 남편의 감정도 서서히 잘 보이게 될 거야. 엄마는 누구보다 우리 딸이 더 공감 받고 응원 받았으면 좋겠거든. 자신과 먼저 소통하면 된다는 사실, 자신에게 경청해주면 된다는 사실을 꼭 명심하길. 살면서 이것만은 꼭 실천하고 살았으면 좋겠어. 이게 감정 읽어주기의 출발점이고, 살아보니 이게 가장 중요한 일이라 생각되니 말이야. 엄마가 응원할게.

PART 3

잘 노는 아이가 제대로 큰다

놀이=행복

초등학교 때 제 별명이 '까불이'였습니다. 저를 좋아해 주시던 남자 선생님이 제게 붙여준 별명이입니다. 저는 정말 잘 노는 아이였습니다. 남자아이들, 여자아이들 가리지 않고 잘 놀았습니다. 적극적이고 명랑 쾌활함, 그 자체였습니다. 얼마나 잘 놀았으면 별명이 '까불이'였을까요.

하지만 제가 더 이상 잘 놀지 않는 날이 왔습니다. 앞서 이야기한 것처럼 집안 사정으로 중학교를 한 해 늦게 들어가게 되는 사연이 있었습니다. 나보다 한 살 어린 동생들과 같은 학년이 되어 학교를 다니게 되었지요. 모든 세포가 다른 사람의 이목에 쏠리는 시기인 사춘기였기에 모든 사람들이 나를 업신여기는 것 같았고 못난이라고 손가락질 하는 것 같았습니다. 그래서 저는 노는 데 일등인 '까불이'에서 놀이를 까먹은 '찌질이'로 변해 갔습니다. 놀이를 싫어하는 아이는 이제 더 이상 행복한 아이가 아니었습니다.

신나게 놀 수 있는 아이가 행복하다

민정이란 친구는 쉬는 시간에 놀지 않습니다. 자기 자리를 벗어나지도 않습니다. 늘 우울한 얼굴이었고, 친구들과의 접촉이 거의 없습니다. 친구들이 다가가서 말을 붙여도 무표정입니다. 웃는 모습을 본 적이 거의 없습니다. 친구들과 놀지 못하니 연습장에 뭔가를 끊임없이 그립니다. 민정이는 그림 그리기를 좋아하는 게 아니라 쉬는 시간에 혼자 할 수 있는 놀이였기 때문에 그림을 그린 것이었습니다. 스스로를 놀 줄 모르는 아이라고 위장합니다. 놀지 않아도 된다고 스스로를 위로하는 슬픈 몸짓입니다.

저는 그 몸짓이 참 애처로웠습니다. 놀이를 그만두었다는 것은 중요한 신호입니다.

'나 지금 불행해요. 누가 나 좀 행복할 수 있게 도와주세요.'

민정이가 보내는 신호를 누군가 알아채야 합니다. 도와주어야 합니다. 그렇지 않으면 아이들은 죽습니다. 살아있고 학교를 다니지만 죽은 거나 다름없습니다. 우리 아이들에게서 놀이란 무슨 의미일까요?

놀이가 밥이다.
—편해문, ≪아이들은 놀기 위하여 세상에 온다≫

맞습니다. 아이들은 놀이가 밥입니다. 밥을 먹지 않으면 사람들은 살 수 없습니다. 사람들에게서 밥을 빼앗는 것은 곧 죽음을 의미합니다. 아이들을 놀지 못하게 하는 건 굶기는 것과 마찬가지입니다. 살지 말라는 말입니다. 아이들은 매일 놀아야 살 수 있습니다. 매일 밥을 먹어야 살 수 있듯이 말입니다.

아이들의 밥을 누가 빼앗아 갔을까요? 학원, 학습지가 빼앗아 갔습니다. 우리나라 현 주소를 한 번 봅시다. 다섯 살만 되어도, 아니 그보다 더 어린 나이부터 집에서 학습지를 하고 있는 아이들이 많습니다. 가정 방문 교사도 옵니다. 영어를 듣고 한글 공부도 합니다. 독서도 공부처럼 치열하게 읽습니다. 이러다가 학교에 들어가면 이제 놀이는 끝입니다. 놀 시간이 전혀 없습니다. 학원이 아이들의 놀이시간을 몽땅 빼앗아 가 버립니다. 적어도 열 살까지는 공부보다 실컷 놀아야 한다는데 말입니다.

초등학교 1학년에 갓 들어온 아이들도 3월부터 바로 학원을 다닙니다. 대부분 적어도 두 개 이상의 학원을 다닙니다. 학원에 갈 순서가 빼곡히 적힌 종이를 코팅해서 가지고 다니는 아이들도 본 적이 있습니다. 갑자기 빡빡해진 하루 스케줄에 아이들은 가슴이 답답해집니다. 수업이 끝날 때 쯤 되면 눈물이 글썽글썽해지는 아이들도 있습니다.

"집에 혼자 가기 힘들어서 그래? 선생님이 도와줄게"

"아니에요. 선생님, 학원 안 가면 안 돼요?"

"학원가기 싫어서 그런 거야?"

고개를 끄덕이며 아이가 눈물을 떨어뜨렸습니다. 이런 아이를 달래서 학원을 보내는 제 마음도 천근만근이었습니다.

놀이를 빼앗는 것은 아이들의 생명을 빼앗은 것과 마찬가지입니다. 요즘 눈빛이 또렷하지 않고 시들시들한 아이들이 많습니다. 소아정신과가 늘어나는 이유는 놀이를 빼앗긴 아이들, 불행해진 아이들이 늘어나고 있다는 말이 아닐까요? 실컷 놀지 못해서 '놀이 결핍병'에 걸린 아이들이 찾는 곳이 아닐까요? 아이들의 놀 권리, 행복할 권리를 언제 되돌려 줄 건가요?

더 안타까운 것은 신나게 놀 수 있는 시간에 컴퓨터 게임, 스마트 폰을 하는 아이들이 많다는 것입니다. 아이들이 먹던 영양밥이 영양가 없고 몸에도 해로운 인스턴트식품으로 대체되었습니다. 놀긴 했는데 진정한 놀이는 아닙니다. 밥을 먹긴 했는데 영양결핍이 됩니다. 마음껏 뛰놀지 못하고 그렇게 할 수 있는 방법도 잊어버렸습니다. 제대로 잘 놀지 못하니 제대로 잘 자라지 못하는 아이들이 늘어나고 있습니다.

제가 가르치던 아이들 중에 쉬는 시간에 손으로 무엇인가를 열심히 만들던 제자가 있었습니다. 이 아이의 손을 거치면 모든 것이 창작물이 되었습니다. 배도 만들고 항공기도 만들고. 휴지, 종이, 상자 등 모든 게 명 작품으로 탄생하였습니다. 너무 신기해서 만들어 오는 것마다 설명을 부탁하고, 아이의 말에 귀 기울여 들어보았습니다. 얼마나 자랑스럽게 자기가 만든 작품을 설명하든지요. 유명한 로봇공학자의 설명보다 더 훌륭했습니다. 아이는 참 행복해하고 뿌듯해 하였습니다.

"성진아, 집에 가면 이런 것 만들 시간 있어?" "아예 없어요. 학원 갔다가 집에 가면 독서록 쓰고 학원 숙제하면 끝이에요."

금방 시무룩해지는 아이의 모습을 보면서 저도 희망적인 답을 해 줄 수 없어서 힘이 빠졌습니다.

아이들은 놀이라는 밥을 먹고 쑥쑥 자라야 합니다. 매일 꾸준히 먹여야 합니다. 놀이는 아이의 마음이 제대로 살찔 수 있는 영양밥입니다. 아이들이 잘 놀 수 있는 시간, 환경, 방법을 다시 가르쳐야 합니다.

잘 놀아야 행복합니다. 행복해야 잘 놉니다. 놀이와 행복은 선순환 구조입니다. 놀이를 통하여 행복한 아이로 자랄 수 있습니다. 어릴수록 놀이는 아이들 행복의 전부입니다. 아이의 행복을 부모가 책임져야 합니다. 이것은 절대 선택사항이 아닙니다.

부모는 아이들이 제대로 잘 놀 수 있도록 도와주면 아이는 놀이와 함께 스스로 잘 자랍니다. 아이들에게 놀이를 돌려줍시다. 아이들에게 그냥 실컷 놀 수 있도록 지금 당장 놀 수 있는 시간을 허락합시다.

놀이로
세상을 배운다

"선생님, 친구들이 나랑 안 놀아줘요."
"선생님, 저 친구랑은 안 놀 거예요."
아이들은 하루에도 열두 번 행복했다가 불행했다가 합니다. 놀 친구가 없어서, 놀 친구가 마음에 안 들어서입니다. 친구들과 놀 때는 행복의 최고점을 찍었다가 친구들과 놀다 틀어지면 바로 불행의 끝을 경험합니다. 세상 모든 것을 다 잃은 듯 맥 빠진 모습입니다.

더 안타까운 건 자기가 의도하지 않았는데 친구에게서 거부당하는 아이들입니다. 자기는 친구랑 놀고 싶은 마음이 굴뚝같아서 친구에게 다가가서 놀려고 시도합니다. 그런데 그 아이만 참여하면 채 1~2분도 안 되어 모임이 깨집니다. 아이는 자신이 무엇을 잘못 했는지 모릅니다. 친구들이 자꾸 자기를 놀이에서 뺀다고 원통해 할 뿐입니다. 지켜보는 우리는 그 아이가 왜 배척당하는지 압니다. 얼마나 안타까운지 모릅니다.

아이들은 정직합니다. 그 아이와 함께 놀면 행복하지 않기 때문입니다. 앞서 놀이=행복이라고 말한 것처럼 아이들은 행복하고자 놀이를 하는 것이거든요. 아이들도 양심이 있습니다. 처음부터 거부하지는 않습니다. 놀아보니까 그 아이가 자꾸 훼방을 놓습니다. 그래도 한 번 더 참아줍니다. 그러나 갈수록 놀이가 재미없어지고 그 아이 때문에 놀이의 판이 자꾸 깨지고 엉망이 되니까, 그만두거나 그 친구를 쫓아내어 버리는 것입니다.

놀이에서 배려와 양보, 협동을 배운다

놀이는 아이들의 작은 세상입니다. 놀이를 통하여 세상을 배웁니다. 놀이는 세상을 배우는 세상 공부방입니다. 그 놀이 속을 한 번 들여다볼까요.

"얘들아, 블록 놀이 할까?"

"그러자."

사회성이 있는 아이들은 금방 놀이에 참여합니다.

"싫어, 나 그 놀이 안 할 거야."

블록 쌓기를 하겠다는 아이들이 여럿 모였는데도 막무가내로 자신의 의견만 주장하는 아이가 있습니다. 놀이의 선택에서부터 친구들의 의견을 무시한다면 사회성이 부족한 것입니다. 아이들은 그 친구가 얄밉고 같이 놀고 싶지 않습니다.

"무엇을 만들까?"

"일단 각자 만들고 싶은 것을 만들자."

"그래."

블록을 쌓기 시작합니다. 함께 하는 놀이는 배려와 양보, 창의성과 협동심을 키울 수 있습니다. 작게 시작한 블록 쌓기가 어느덧 작은 집이 됩니다. 작은 집에서 작은 마을이 생기고 더 큰 도시가 만들어 집니다. 큰 도시에 다리가 놓이고 도로가 생깁니다. 차가 다니고 사람들이 등장합니다. 엄마, 아빠, 아기가 있습니다. 놀이는 재미있고 무한한 상상의 날개를 펼치며 전개되어 갑니다.

"이 집은 여기다 세울까?"

"여기가 좋겠는데."

자신의 아이디어를 내고 서로의 생각을 조율합니다. 함께 놀이를 하기 위해서는 서로 배려하고 양보하며 협동해야 합니다. 혼자 노는 놀이가 아니기에 소통해야 합니다. 이런 과정에서 토라지는 아이가 있습니다. 더 이상 양보도 배려도 안 되는 아이들은 놀이판을 박차고 나와 버립니다. 혼자 외톨이가 되어 버립니다. 살맛나던 놀이판에서 놀이판 밖의 외로운 세상을 경험합니다.

아이가 혼자 놀고 싶어 하는 것 자체가 문제인 건 아닙니다. 여러 명의 친구들과 함께 있는데도 혼자 노는 것은 조금 문제가 있다고 봅니다. 혼자 집중해서 뭔가를 잘 하면 창의성, 집중력 등을 기를 수 있습니다. 그러나 여러 명이 함께 어울리면서 배우는 소통, 양보, 배려의 능력은 키울 수 없습니다.

아이들은 함께 하는 놀이를 통해 협동하는 법을 배우고, 함께 뭔가를 완성해 내는 성취감도 경험합니다. 그 속에서 리드의 역할을 하면서 유능 감을 경험하기도 합니다. 혼자 잘 노는 아이들 중에는 여럿이 함께 하는 활동에 조금 부대끼고 힘들어하는 경우가 많습니다. 때문에 혼자서도, 함께여도 잘 지낼 수 있는 힘을 놀이를 통해 키워줘야 합니다.

처음부터 잘 하는 아이들은 없습니다. 잘 놀 수 있도록 가르치면 됩니다. 배우지 않아서 잘 못합니다. 배려와 양보는 글이나 말로 배울 수 있는 게 아닙니다. 아이들과 함께 놀며 놀이라는 세상에서 배려를 배우고 양보도 자연스럽게 몸에 익혀지는 것입니다. 무엇이 인내고 도전인지, 어떤 것이 창의성인지를 맛보게 되는 것이지요. 이러는 과정에서 사회성을 기르는 것입니다. 놀이를 통하여 세상을 배운 아이들은 이를 잘 응용하여 진짜 세상도 잘 살아갈 수 있습니다. 놀이판이나 놀이판 바깥세상이나 똑같습니다. 아이들의 놀이는 작은 세상입니다. 진짜 세상을 배울 수 있는 안성맞춤의 공간입니다.

잘 놀 줄 모르는 아이는 잘 놀아주지 못한 어른들의 책임입니다. 세상 공부를 못 시킨 어른들의 잘못입니다.

> 아이를 잘 키우려면 아이와 잘 놀기만 하면 된다는 것,
> 아이는 놀이로 인생살이에 필요한 능력들을 자연스럽게 배울 수 있다는 것이다.
> -권오진, ≪놀이만한 공부는 없다≫

친구들에게 인기가 있는 아이들은 잘 놀 줄 아는 아이들입니다. 잘 놀 줄 안다는 것은 적극적으로 놀되 협동을 잘 하고 양보할 줄도 안다는 의미입니다.

사실 사이좋게 노는 것이 쉬울 것 같지만, 아이들에게는 어렵습니다. 유독 잘 놀 줄 모르는 아이들이 있습니다. 협동할 줄도, 양보할 줄도 모르며 배려는 더욱 더 안 됩니다. 이런 고도의 능력을 요구하는 게 놀이입니다. 잘 놀 줄 안다는 것은 대단한 능력입니다.

> 놀이를 통해 아이들은 스스로 결정을 내리고 자신의 행동을 통제하며 다른 사람들과 어울리는 것을 배웁니다.
> ─피터 그레이 교수

집에서 잘 노는 아이가 사회성이 좋다

어떤 아이가 더 잘 놀 수 있는 아이일까요?

EBS 〈놀이의 반란〉 제작팀이 조사한 결과, 취학 전 '놀이선호도'가 높은 부모의 아이들이 '학습선호도'가 높은 부모를 둔 아이들보다 여러 면에서 더 높은 점수를 받았습니다. 취학 전 학원 한 군데 더 다니는 게 중요한 게 아니라는 말입니다. 부모가 아이와 어떻게 잘 놀았는지, 제대로 잘 놀 줄 아는 아이로 자랐는지가 더 중요합니다.

> 어린 시절 놀이를 박탈당한 사람은 자존감과 사회성, 질서 의식 등의 인성을 제대로 형성하지 못하며, 이는 대인 관계 형성과 발달에 부정적인 영향을 미친다.
> -스튜어트 브라운

학교에서 가장 마음 아픈 일은 모둠학습을 할 때 어떤 아이만 가면 모둠학습이고 뭐고 잘 되지 않는 경우를 볼 때입니다. 이 아이는 친구와 짝을 지어 놀이식의 학습을 할 때면 항상 외톨이입니다. 먼저 다가가서 함께 하자고 말도 못 건넵니다. 친구들이 그 아이와 함께 하려고 하지도 않습니다.

"선생님, 저는 할 사람이 없어요."

친구 탓을 하지만 누구의 잘못인지는 쉽게 보입니다. 친구 잘못이 아니라 이 아이에게 원인이 있는 것입니다. 그러나 이 아이를 나무라기 전에 먼저 가정에서의 놀이를 점검해 봐야 합니다. 가정에서의 놀이가 제대로 되지 않는 한 이 아이가 하루아침에 아이들 속으로 들어가서 잘 놀기는 쉽지 않습니다. 가정에서 노는 그 모습, 그 패턴대로 학교에서 놀기 때문입니다. 학교에서의 임시처방은 한계가 있습니다. 가정에서 우리 아이는 정말 잘 놀고 있습니까? 가정에서 부모가 아이들과 잘 놀아주고 있는 걸까요?

캠핑, 놀이동산, 해외여행 등 큰마음 먹고 한 달 전부터 아이들과 놀아주려고 거창한 계획을 세웠다면 이건 놀이가 아닙니다. 이벤트입니다. 놀이는 이벤트가 아닙니다. 습관이고 일상이 되어야 합니다. 시간이 부족하다면 하루 1분이어도 됩니다. 매일 1분씩 아이와 꾸준히 놀아주면 아이는 놀이를 좋아하는 아이로 자랍니다. 이것을 놀이지능이라고 합니다. 놀이지능이 뛰어난 아이가 행복한 아이로 자랍니다. 평생 행복할 수 있는 밑천을 마련하는 셈입니다. 부모 입장에서는 어쩌다 한 번 하는 거창한 이벤트보다 매일 해야 하는 놀이가 더 어려울 겁니다. 자주 해야 하니까요.

많은 부모들이 스마트폰, TV, 게임에 아이를 쉽게 맡겨 버립니다. 아이가 아주 어릴 때부터요. 그러면서 아이와 어떻게 놀아야 하는지 모르겠다고 하소연합니다. 가만히 보면 부모도 잘 놀 줄을 모릅니다. 부모 역시 스마트폰이나 TV와 함께 놀 뿐입니다.

어쩌면 아이들이 스마트폰에 목숨을 거는 이유는, 잠깐 짬이 났을 때 쉽게 놀 수 있는 도구여서일지도 모릅니다. 친구들과 어울릴 기회도, 시간도 없는 아이들이 손쉽게 선택할 놀이 상태가 바로 스마트폰인 것이지요. 그래서 아이들은 점점 스마트폰과 떼려야 뗄 수 없는 친구가 되어가는 것입니다.

부모가 진심으로 아이와 놀겠다는 마음을 먹었다면 함께 할 수 있는 놀이는 조금만 고민해 봐도 쉽게 찾을 수 있습니다. 무엇보다 먼저 아이랑 놀겠다는 마음을 가지는 게 우선입니다.

아이가 자랄수록 생활 속에서 놀이는 급격하게 사라집니다. 많은 부모들이 놀이터에 가도 친구들이 없어서 차라리 학원을 보낸다고 주장합니다. 하지만 솔직히 부모님의 의도는 그게 아닙니다. 놀이보다 공부를 시키고 싶은 생각이 큰 것입니다.

아이들의 놀이는 본능입니다. 놀 시간을 넉넉하게 주세요. 시간만 주면 어떻든 놀 거리를 만들어 냅니다. 아이들은 심심해야 노는데, 심심하기는커녕 쉴 시간도 주지 않으니 어떻게 놀 수 있을까요.

아이를 행복하게 키우고 싶다면 함께 놀아주는 부모가 되고, 아이가 친구들과 어울려 놀 수 있는 기회를 많이 만들어 주길 바랍니다.

만일 내가 다시 아이를 키운다면
-다이애나 루먼스

만일 내가 다시 아이를 키운다면
먼저 아이의 자존심을 세워주고
집은 나중에 세우리라

아이와 함께 손가락 그림을 더 많이 그리고
손가락으로 명령하는 일은 덜 하리라
아이들 바로잡으려고 덜 노력하고
아이와 하나가 되려고 더 많이 노력하리라
시계에서 눈을 떼고 눈으로 아이를 더 많이 바라보리라

만일 내가 다시 아이를 키운다면
더 많이 아는 데 관심을 갖지 않고

더 많이 관심 갖는 법을 배우리라

자전거도 더 많이 타고 연도 더 많이 날리리라
들판을 더 많이 뛰어다니고 별들도 더 많이 바라보리라

더 많이 껴안고 더 적게 다투리라
도토리 속의 떡갈나무를 더 자주 보리라

덜 단호하고 더 많이 긍정하리라
힘을 사랑하는 사람으로 보이지 않고
사랑의 힘을 가진 사람으로 보이리라

엄마, 아빠 제발 놀아주세요!

제가 어릴 때 아버지는 고구마로 자동차를 만들어 주셨습니다. 어떤 때는 무로 하얀 자동차를, 당근으로 빨간 자동차도 만들어 주셨습니다. 지금도 아버지가 만들어 주신 자동차가 어떤 모양인지 기억이 납니다. 아버지는 저와 자동차 놀이를 했습니다. 아버지 자동차와 제 자동차가 앞서거니 뒤서거니 경주도 하고 자동차끼리 서로 이야기도 나누었습니다. 이런 기억이 새록새록 납니다.

    어릴 적 저희 집 앞의 논은 겨울이면 얼음판이 되었습니다. 누군가 그 논에 물을 채워놓으면 저희 형제들이 신나게 놀 수 있는 썰매장이 됩니다. 아버지는 나무판을 붙여서 근사한 썰매를 만들어 주셨습니다. 형제들이 여섯 명이나 되어서 최소한 두 개는 만드셔야 했습니다. 그 썰매를 끌고 나가서 하루 종일 논에서 놀았던 기억이 납니다.

    아버지는 썰매장에 나오셔서 직접 썰매 타는 법을 가르쳐 주셨습니다. 처음엔 자꾸 엉덩방아를 찧다가 이내 배워서 신나게 노는 모습을 보면 집으로 들어가셨지요.

엄마의 놀이와 아빠의 놀이가 다르다

제가 기억하는 아버지는 참 자상한 분이셨습니다. 어릴 적 아버지와 함께 했던 놀이가 참 많았습니다. 커 가면서 아버지와 같은 사람이 나타나면 결혼할 거라는 생각도 늘 했습니다.

저희 형제들이 아버지를 참 좋은 사람으로 기억하는 이유는 무엇일까요? 왜 아버지와의 기억이 유독 선명하게 날까요? 아버지가 저희와 놀아주었기 때문은 아닐까요? 저를 '까불이'로 에너지 뻗치는 행복한 아이로 자라게 한 것도 결국 아버지 덕분이라고 생각합니다.

EBS 다큐프라임 〈놀이의 반란〉 편을 보면 아빠가 놀아주는 가정의 아이일수록 자라면서 공부를 잘하고 사회성도 더 발달한다고 합니다. 사회에 나가서도 더 성공적인 삶을 살아간다고 말합니다. 엄마와 아빠가 아이와 놀아줄수록 아이는 훨씬 더 잘 자란다는 것으로 결론을 맺습니다.

왜 아빠도 아이와 꼭 놀아주어야 할까요? 엄마와 아빠의 놀이가 따로 있기 때문입니다. 먼저 엄마의 놀이를 살펴볼까요?

"엄마는 아기하고 난 간호사 할게요."

아이와 엄마가 주로 하는 놀이는 소꿉놀이나 인형놀이 그리고 병원놀이 등입니다. 아이와 엄마는 놀이 속에서 엄마이고 아빠입니다. 간호사이고 환자입니다. 주로 역할 놀이이고 상황 놀이입니다. 그 역할을 하면서 기쁨, 슬픔, 행복함을 느낍니다.

엄마와의 놀이는 스토리가 있습니다. 아이의 정서를 건드리고 마음을 나눕니다. 뇌의 발달 측면에서 본다면 우뇌가 발달하는 놀이라고 하겠습니다.

아빠와의 놀이는 어떨까요? 전쟁놀이, 총싸움놀이, 달리기, 축구 등을 합니다. 숨고 잡으러 가는 놀이입니다. 몸으로 씨름을 하거나 시합을 붙습니다. 스릴이 있습니다. 안 넘어지려고 안간힘을 쓰기도 하고, 이기겠다고 전력을 다 모읍니다. 몸으로 부대끼는 활동을 주로 많이 합니다.

"숨어라. 찾았다."

"준비, 시작!"

짧게 주고받는 대화로도 충분합니다. 심지어 의성어로도 다 통합니다.

"띵야, 띵야!"

이렇게 아빠와 행동으로 놀고 몸으로 놉니다. 아빠와의 놀이는 주로 좌뇌를 발달시키는 놀이입니다.

좌뇌와 우뇌가 골고루 발달하는 것은 뇌의 발달에 아주 유리합니다. 0~3세 이전까지 성인 뇌의 80%가 완성됩니다. 이런 중요한 시기에 엄마와 아빠가 아이랑 놀아준다는 건 똑똑한 아이로 키우는 투자입니다. 뇌 과학에 따르면 만 7세까지는 놀이의 뇌가 훨씬 더 발달하는 시기입니다. 이 시기는 추상적인 공부보다는 감각을 통한 즐거운 경험이 기억을 담당하는 뇌를 자극합니다. 이때 아이와 더 많이 놀아주는 것이 똑똑한 아이로 자라게 하는데 도움이 된다는 말입니다. 엄마 아빠가 둘 다 아이와 함께 놀아주면 아이의 뇌 발달에 고루 영향을 미칩니다. 아이가 더 똑똑한 아이로 자라는 것은 투자에 대한 당연한 소득이겠지요.

그렇다면 아이와 놀아주는 아빠가 얼마나 될까요? 놀라지 마세요. 어느 연구 결과에 의하면, 매일 아이와 놀아주는 아빠는 13.1%밖에 되지 않습니다. 더 살펴볼까요? 일주일에 한두 번 놀아주는 아빠도 61.1%밖에 되지 않아요. 1년에 2회 이하 아이와 놀아주는 아빠도 25.5%나 됩니다. 과연 이들 가정에 아빠가 있기는 한 걸까요? 아이의 기억 속에 아빠가 어떤 모습으로 저장 되어 있을까요?

아빠는 가족을 행복하게 하고 자녀를 잘 키우기 위하여 온 힘을 다합니다. 돈을 벌고 가족의 생계를 책임지는 것은 정말 중요한 일입니다. 그래서 가족 모두 아빠에게 감사하지요. 하지만 이것만으로 아빠의 역할을 다한 것은 아닙니다. 생계를 위한 노력의 10%를 내 아이를 위하여 투자해야 한다는 말입니다. 아이와의 놀이시간을 중요하게 생각하지 않거나 생략한다는 것은 정말 중요한 것을 놓치는 우를 범하는 것입니다.

아이의 인생에서 아빠가 놀아줄 수 있는 기간은 생각보다 많지 않습니다. 아이 나이 4~9살, 딱 6년, 길게 잡아도 10년, 이때 아빠가 아이와 가장 집중적으로 놀아줄 시기입니다. 다시 돌아오지 않을 이 시기에 적어도 하루에 단 1분이라도 아이와 놀아주세요. 아이와의 놀이는 선택이 아니라 의무사항입니다.

칭찬은 아빠를 춤추게 한다

어릴 때 잘 놀아주기만 해도 아이가 공부를 잘하고 사회성도 좋은 아이로 자랄 수 있다는 것은 정말 중요한 정보입니다. 별로 힘들이지 않고 아이를 잘 키울 수 있는 엄청난 힌트를 드린 것입니다. 그런데 왜 부모들은 이 중요한 놀이를 중요하지 않다고 생각할까요? 마지못해서 놀아주고 무슨 고문이라도 당하는 양 아이와 함께하는 시간을 두려워하는 아빠들이 많을까요?

아빠 자신도 어릴 때 아버지와 놀아본 경험이 없기 때문입니다. 아버지가 자신과 놀아주지 않았지만, 자신은 잘 자랐다고 생각하기 때문입니다. 아빠가 아이와 어떻게 노는지를 자연스럽게 학습되지 않았기에 듣고 보도 못한 경험을 하기가 어렵고 힘든 것입니다. 그래서 아빠가 아이와 노는 것은 배워야 하는 공부입니다. 이런 아빠들을 위하여 엄마들에게 한 가지만 팁을 드리겠습니다.

"아이랑 놀아줘." (×)
"아이랑 10분만 딱 놀아줘." (○)

남편에게 요청할 때 이렇게 말하면 금방 알아듣는다고 합니다. 아이와 그냥 놀아주라고 하면 엄청난 부담감을 느끼지만, 딱 10분만 놀아주라고 하면 놀아줄 겁니다. 딱 10분만 놀아주어도 엄청나게 고맙다고 말해주고 수고했다고 칭찬을 듬뿍해 주세요.

"당신이 아이랑 놀아주니까 내가 너무 편하고 당신이 나를 사랑해 주는 것 같아서 행복해."

"당신이 아이랑 놀아주니까 당신이 정말 멋진 아빠가 된 것 같아서 정말 자랑스러워."

이런 오글거리는 말도 정말 좋아할 겁니다. 아빠의 어깨에 뿌듯함을 실어주고는 아빠를 놀이에서 쿨하게 해방시켜 주세요. 아이와의 놀이가 힘들지 않아야 다시 놀아주려고 할 것이고, 아이와의 놀이에서 유능 감을 경험해야 더 많이 놀아주려고 하는 마음이 생길 것입니다.

아이들은 금방 자랍니다. 눈 깜빡할 사이에 자랍니다. 다 자라서 부모의 도움이 필요 없을 때 끼어들려고 애쓰지 말고 어릴 때부터 함께 노는 습관을 들이면 됩니다. 아이가 자라도 계속 아이와 공유하는 가족이 되려면 어릴 때부터 놀이로 함께해야 합니다. 어릴 때 놀아준 아빠여야 아이가 자라도 계속 아빠와 놀아줄 겁니다. 아빠와 노는 게 자연스러운 일이니까요.

어릴 때 놀아주지 않고선 어느 날 불쑥 아이들의 삶에 끼어들면 아이들은 "누구세요." 하는 심정일 거예요. 아마 손님 취급 할 걸요. 아빠라는 이름만으로 간섭할 수 있다고 생각하지 마세요. 낯선 손님이 이래라 저래라 간섭하는 것 같아서 전혀 들으려고 하지 않을 겁니다. 아빠의 말발이 전혀 서지 않을 겁니다. 권위가 서지 않는 것이지요. 아이의 마음 공간에 아빠의 설 자리가 없기 때문입니다. 어릴 적 아빠와의 놀이 추억이 아이가 다 자라서도 아이와 아빠를 이어주는 든든한 동아줄이 되어 줄 것입니다.

　누구나 행복하려고 아이를 낳았고 아빠, 엄마가 되었습니다. 부모가 가장 행복한 일은 내 아이가 행복한 모습을 보는 것일 겁니다. 아이들은 엄청난 이벤트를 행복이라고 생각하지 않습니다. 어릴 때부터 그냥 놀아주면 됩니다. 시간을 만들어서 아이에게 주면 됩니다. 단 10분, 5분, 아니 1분이면 충분한데 그것마저도 못 챙긴다고 설마 말할 수 있을까요. 내 자식을 위한 일인데 말입니다. 부모와의 놀이시간을 먹고 아이들은 잘 자랍니다. 부모가 아이에게 준 놀이시간만큼 아이는 부모에게 마음의 자리를 내어 줍니다. 행복한 모습으로 보답합니다.

　엄마 아빠의 놀이가 합쳐져야 아이가 잘 자란다는 걸 명심해야 합니다. 아빠는 엄마에게 아이를 떠넘기면 안 됩니다. 엄마 보고 아이를 잘못 키웠다고 책임 전가 시키지 마세요. 아이와 놀아주지 않은 아빠라면 그럴 권리가 없습니다. 아이와 놀아주는 일은 아빠로서 당연히 해야 할 의무입니다. 그 의무를 다하지 않는 것은 아빠로서 직무유기이고, 책임회피입니다. 엄마 아빠의 놀이의 혜택으로 아이는 행복하고 똑똑한 아이로 자랍니다. 엄마, 그리고 아빠, 꼭 아이랑 놀아주세요!

놀이지능을 발달시키는 369 놀이법칙

태어난 후 3세까지 : 신체놀이
-아이와의 신체 접촉 횟수와 시간을 많이 갖는다.
-안아주고 토닥여주고, 쓰다듬어주고, 업어주고, 목말타 워주고 기저귀를 갈아주고, 목욕 시켜주는 것 등이 신체놀이이다.

6세까지 : 도구놀이
-이 시기의 아이들은 강아지와 흡사하다. 마음껏 뛰어놀아야 사지와 오장육부가 건강해진다. 사물에 대한 호기심이 왕성해져 창의력의 원천이 발달하는 시기이기도 하다. 이 같은 발달을 도와주는 것이 바로 도구 놀이이다.
-베개싸움, 신문지로 칼싸움하기, 신문지로 전화놀이 하기, 베개 주고받기, 종이컵으로 피라미드 쌓기, 상자로 터널 통과하기, 식탁으로 집 만들기 등 무궁무진하다.

9세까지 : 체험놀이
-이 무렵 아이들은 지적 호기심이 더욱 커진다. 사물을 오감으로 느끼고 스스로 질문을 만들어내고 다양한 현상을 종합하는 사고를 하게 된다. 자기 마음대로 하겠다는 자아도 성장한다. 체험활동이 아이의 이 같은 발달에 기름을 부어준다.
-집 근처 산책, 학교 운동장에서 공차기, 자전거 타기, 대형마트에 구경 가서 수족관 물고기와 파충류 구경하기, 냇가에 돌 던지

기 등 이 모든 것이 살아있는 체험이다.

−거창하고 비용이 많이 드는 체험이 아니다. 한 달에 한 번쯤은 조금 먼 길을 떠나는 것으로도 충분하다.

(권오진, ≪놀이만한 공부는 없다≫ 참고)

진짜 놀이와 가짜 놀이

엄마랑 아이가 놀고 있습니다. A 엄마라고 부르겠습니다.
 "아들아! 엄마랑 자동차 가지고 놀까?"
 "자동차 몇 대 인지 한 번 세워볼까?"
 "이 자동차 이름이 뭐야?"
 "어느 나라에서 만든 거야?"
 또 다른 엄마인데, B 엄마라고 하겠습니다.
 "우리 딸, 오늘은 엄마랑 무슨 놀이하고 놀까?"
 "인형놀이? 그게 좋겠구나. 재밌겠다."
 "인형놀이를 어떻게 하지?"
 "엄마는 아기 하라고? 그럼 넌 뭐 할 거야?"
 "엄마랑 아기가 무슨 일이 있었을까?"
 "응, 아기가 아프구나."
 두 엄마를 보고 뭔가 눈치를 채셨나요?
 여기서 진짜 놀이를 하고 있는 엄마는 누구이고, 가짜 놀이를 하고 있는 엄마는 누구인지 맞출 수 있으신가요? 둘 다 아이와 놀 아주는데 가짜 놀이라니, 무슨 의미일까요? 놀이에는 진짜 놀이와 가짜 놀이가 있습니다.

위의 예에서 아이와 논다면서 아이에게 공부를 시키는 엄마가 있습니다. 이건 놀이가 아니라 공부입니다. 놀이를 가장했기에 가짜 놀이입니다. 아이와 논다면서 엄마가 놀이의 주인입니다. 엄마가 결정하고 주도합니다. 놀이의 주인이 아이가 아니면 가짜 놀이입니다. 이런 가짜놀이에는 아이가 시들해집니다. 내 아이와 놀고 있는 놀이를 한 번 점검해 보세요. 가짜 놀이입니까, 진짜 놀이입니까?

놀이의 주인이 아이인가, 엄마인가

〈우리 뭐하고 놀까? vs 엄마랑 이것하고 놀자〉

놀이의 주인이 다른 것은 바로 이 차이입니다. 놀이의 주인은 아이여야 합니다. 엄마는 주인이 하자는 대로 기다려야 합니다. 놀이의 선택부터 주인이 해야 합니다.

"엄마, 우리 이 놀이하고 놀자."

이런 말이 나오도록 엄마가 아이에게 물어봐야 합니다. 성격이 급해서 그냥 끼어들면 안 됩니다. 아무리 바빠도 주인이 선택하도록 기다려야 합니다. 자기가 선택한 놀이이고, 놀이의 주체가 되어야 재미가 있습니다. 조금 느려도 기다려 주고, 마음에 안 들어도 아이가 뜻대로 놀이를 이끌어 가도록 두어야 합니다.

"이렇게 해야지!"

1초도 못 기다리고 아이의 손을 끌어다가 엄마가 생각하는 동작을 하게 하면 아이는 마지못해 따라하겠지만 금세 놀이에 흥미를 잃고 맙니다.

"엄마가 시키는 대로 하면 되는데, 넌 왜 자꾸 이상하게 하니? 그러니까 덧셈도 자꾸 틀리는 거야."

놀이를 하면서도 아이를 평가하고 비난합니다. 아이가 조금 늦게 맞추거나 틀리게 맞추면 공부까지 잘 못할까봐 별 걱정을 다 합니다.

아이의 놀이에 자꾸 엄마가 끼어들고 시키면 아이는 엄마의 개입이 싫지만 마지못해 합니다. 하지만 엄마의 평가와 비난에 주눅이 들면서 눈치를 보게 됩니다. 결국 아이는 놀이하는 게 시들해집니다. 놀이인데도 하나도 재미가 없습니다.

"엄마, 나 이 놀이 안 할 거야."

만약 아이가 이렇게 말한다면 엄마가 아이의 놀이에 혹시 끼어들었는지 한 번 점검해 보세요. 놀이는 정답을 맞추는 행위가 아니라, 그냥 노는 것입니다. 자신의 생각에 따라 온갖 행동을 자유롭게 펼쳐 보이는 것입니다. 놀이의 선택, 과정과 끝도 스스로 만들어 가도록 해야 합니다. 아이가 이끌어 가고 엄마는 아이랑 함께 놀면 됩니다. 그것이 진짜 놀이입니다.

〈놀이 vs 공부〉

한국의 엄마들은 유독 심합니다. 아이가 조금이라도 말귀를 알아듣는 시점이 오면 그때부터 모든 놀이는 공부와 연결시킵니다.

"우리 아들 이름이 뭐야? 몇 살? 아빠 이름은? 엄마 이름은?"

암기시키고 또 암기시킵니다.

"이 자동차 몇 대? 한 번 세어볼까? 한 대, 두 대, 세 대, 네 대…."

끊임없이 묻고 답하기를 강요합니다. 조금이라도 빨리 암기시킨 것을 말하면 똑똑한 아이라고 속으로 기뻐합니다.

"이 꽃은 무슨 꽃이야? 이것은 무슨 색깔이야?"

심지어 꽃 이름도 꽃 색깔도 암기로 익힙니다. 글자로 익힙니다. 그냥 꽃으로 느끼고 감탄할 시간을 아이에게 주지 않습니다. 예쁜 나팔꽃이 그냥 예쁜 꽃으로 기억될 수 있도록, 무슨 꽃인지 무슨 색깔인지 글자로 기억되지 않도록 허락해 주면 안 될까요? 자동차가 몇 대인지 셀 수 있는 게 중요합니까? 조금 더 크면 자동적으로 셀 수 있을 텐데. 신나게 놀고 싶은데 꼭 자동차 대수를 세어보고 놀아야 합니까?

눈앞에 보이는 모든 것이 공부로 연결됩니다. 공부 아닌 놀이가 없습니다. 놀이 속에 공부라는 목적이 항상 숨어 있습니다. 뭔가를 가르치려는 의도가 숨어있으면 놀이가 아닙니다. 가짜 놀이입니다. 놀이는 그냥 놀이로만 존재해야 합니다. 그래야 진짜 놀이입니다.

한글 익히기에 푹 빠진 아이가 있습니다. 엄마에게 한글 놀이를 하자고 합니다. 한글 낱말과 사물 사진을 바닥에 어지럽게 깔아두고, 가위 바위 보로 순서를 정한 후 이긴 사람부터 먼저 글자와 사진을 맞춰서 골라갑니다. 많이 가져온 사람이 이깁니다.

공부처럼 보여도 이것은 놀이입니다. 한글 공부도 놀이처럼 익히면 공부가 아니고 놀이입니다. 아이가 한글을 조금씩 익혀가는 상황에 하면 좋습니다. 무조건 암기식으로 하는 활동이 아니기 때문입니다. 신나게 놀면서 익히는 것은 공부와 다릅니다.

위의 상황에서 놀이를 먼저 제안한 것은 아이입니다. 누가 시키고 누가 하는 게 아니라 엄마와 아이가 똑같이 놀이를 합니다. 아이도 능동적으로 즐겁게 활동을 합니다.

어떤 것을 하느냐가 아니라 어떻게 하느냐를 통해 공부인지 놀이인지 알 수 있습니다. 놀이는 놀이로만 존재해야 합니다. 놀이 속에 살짝 공부를 끼어 넣지 마세요. 아이가 모른다고 착각하지 마세요. 너무 어려서 몰랐을 때는 놀이 속에 공부가 있어도 모르고 했습니다. 조금 더 자라서 놀이 속에 공부가 있으면 더 이상 놀이도 하지 않으려고 합니다. 놀이 속에 놀이는 빠지고 공부만 남아 있으니 다 들키는 겁니다. 주객이 전도된 셈이지요. 아이에게 놀이를 돌려주세요. 놀이는 놀이로만 존재하게 해 주세요.

즐거워야 놀이다

아이들이 주도하는 놀이, 놀이가 온전히 놀이로만 존재할 때 놀이는 즐겁습니다. 놀이의 본질은 즐겁고 행복한 것입니다. 놀이의 본질에 충실하여 놀아주면 됩니다. 정말 작은 것에도 아이들은 즐거워합니다. 별것 아닌 놀이에도 그냥 까르르 넘어갑니다. 놀이 그 자체이기 때문입니다.

아이랑 그냥 놀아주세요. 아이랑 놀 때는 아무런 생각도 하지 마세요. 한 쪽 발만 걸치고 놀아주려는 마음부터 바꿔야 합니다. 온 몸을 아이와의 놀이에 맡기고 온 마음으로 함께 놀아 보는 겁니다. 그냥 아이의 눈높이에 맞추면 됩니다.

아이와 놀 때는 엄마, 아빠보다는 그냥 친구가 되면 좋습니다. 아이를 위해 투자하는 귀한 시간을 대충 마지못해서 하는 시간으로 보내지 마세요. 아이와의 놀이시간이 부모도 재미있고 행복해야 합니다. 그래야 더 자주 아이랑 놀고 싶을 것입니다. 아이도 부모가 행복해 하는 모습을 보면 더 행복함을 느낍니다. 마지못해서 놀아주는 것처럼 느껴지면 아이도 부담감이 생깁니다. 온전히 몰입하지 못하는 부모의 모습을 보면서 아이도 놀이에 몰입하지 못할 것입니다. 놀이에 몰입할 때 놀이가 즐겁습니다. 부모가 아이와 온전히 놀아줄 때 아이는 최고의 행복을 경험할 것입니다.

놀아주어야 한다는 부담감을 갖지 마세요. 그냥 함께 논다는 생각으로 함께 시간을 보내고, 아이에게 놀이를 선택하게 하세요.

놀이를 만들어 가도록 지켜봐 주세요. 애쓸 필요도 없습니다. 노력이 왜 필요하나요? 아이가 주인인데. 부모는 그냥 놀이판의 한 구성원으로 참여하기만 하면 됩니다. 부모가 선택하고 리드해 가려고 하니까 머리가 지끈거리고 부담이 생기는 것입니다.

잊지 말기 바랍니다. 아이들에게 놀이는 본능입니다. 아이들은 놀기 위하여 세상에 왔습니다. 어떻게든 놀이를 만들어내고 놀이를 주도해 갑니다. 그 공간에 함께 하면 됩니다. 아이의 마음으로, 아이의 눈높이로 함께하면 됩니다. 아이와 놀면 재미는 그냥 생깁니다. 행복은 저절로 따라옵니다. 부모가 훼방만 놓지 않는다면요. 가짜 놀이를 진짜 놀이로 속이지만 않는다면요.

아이랑 함께 하는 놀이

준비물 : 스케치북 한 권

1. 제일 위에 날짜를 적습니다.
2. 무슨 놀이를 할지를 함께 쓰고, 놀이할 순서를 함께 정합니다.
3. 순서대로 놀고 난 후 놀이별로 재미있었던 정도를 스티커로 표시합니다.
4. 스티커를 보며 이야기를 나누고 다음 놀이에 참고하면 좋습니다.

※맛있는 간식과 함께라면 금상첨화입니다.

순 서	오늘 할 놀이(월 일) 놀 이	재미있었나요?
1	팔씨름하기	♥♥♥
3	풍선 띄어주면 점프하여 때리기	♥♥
2	화장지 쌓기 놀이	♥♥♥
5	베개 주고받기	♥♥
4	아빠 산 굴러 넘기	♥♥♥

제대로 놀아야
제대로 성공한다

제대로 논다는 말의 뜻이 무슨 의미일까요? 놀이의 본래 목적에 맞게 잘 논다는 뜻일 겁니다. 놀이의 목적은 재미있는 겁니다. 재미있으려면 놀이가 어떠해야 할까요?

　　EBS 다큐프라임 '놀이의 반란'에서는 이런 실험을 합니다. 유치원 아이들을 장난감이 많이 있는 방으로 초대합니다. 한 쪽에는 로봇들이 있고, 다른 한 쪽에는 재활용 물건들이 있는 곳입니다. 아이들은 어떤 물건으로 놀던 상관이 없습니다. 아이들이 방으로 들어선 후 어떤 일이 벌어졌을까요?

　　방에 들어서자마자 대부분의 아이들이 달려간 곳은 로봇이 있는 곳입니다. 이렇게 저렇게 작동을 시켜보고 신기한지 고함을 지르고 흥분하기도 합니다. 그러다가 시간이 지나면 아이들의 신나하는 모습들이 조금씩 사라집니다. 그렇게 열광하던 로봇 장난감에서 한 명씩 한 명씩 빠져 나갑니다. 로봇에서 발길을 돌리는 데는 10분이 채 걸리지 않았습니다.

로봇들을 떠난 아이들은 재활용품 물건이 가득 있는 곳에서 놀이를 시작합니다. 자동차를 만들기도 하고 사람을 만들기도 합니다. 한참을 그렇게 놀더니 누군가 블록으로 뭔가를 만듭니다. 다른 아이들도 하나 둘씩 모여들어 블록 놀이에 참여합니다. 어느덧 도로가 만들어졌습니다. 그 도로 위에서 아이들은 자신이 만든 장난감으로 또 다른 놀이를 이어나갑니다. 장난감 경주를 하는 아이도 있고, 장난감 자동차를 타고 놀러 나온 가족도 있습니다. 자동차가 지나가다가 이웃 친구를 만나기도 합니다. 그 도로를 기준으로 집이 들어서고 방이 만들어지기도 합니다. 놀이는 계속 이어집니다.

창의성을 자극하는 놀잇감이 좋은 놀잇감이다

우리나라 부모들은 어떤 놀잇감이 좋다고 생각할까요? 장난감을 고르는 기준은 무엇인가요? 혹시 비싼 장난감이 더 좋은 장난감이라고 생각했다면 아닙니다. 가격이 아니라 놀잇감이 어떤 역할을 하는지가 중요합니다.

이미 목적이 주어진 장난감은 좋지 않는 장난감이라고 합니다. 로봇을 생각해 보세요. 로봇으로 놀 수 있는 놀이는 정해져 있습니다. 로봇이 하는 역할이 이미 정해져 있으니까요. 아이들이 로봇으로 놀 수 있는 놀이는 뻔합니다. 작동시키고 보기, 누가 더 오래 살아남는지 게임하기. 이것 외에 또 어떤 놀이를 할 수 있을까요? 로봇으로 해 볼 수 있는 놀이가 끝나면 시들해집니다. 처음엔 열광하며 관심을 뜨겁게 표현해도 금방 시들해지고 다른 장난감을 찾게 되는 거지요. 그래서 목적이 주어져 있는 장난감은 좋지 않다고 하는 것입니다.

비싼 가격으로 사야 하는 로봇 장난감이 좋지 않다니, 놀라셨죠? 저도 딸을 키울 때 이런 실수를 많이 했습니다. 놀이의 본래 목적도 모르고 목적이 주어진 장난감을 많이 사주었거든요. 반면 재활용품 물건들을 한 번 생각해 보세요. 어떤 물건이 만들어질지는 아이만이 알 수 있습니다. 그리고 만들어 봐야 압니다. 만들기 전에 무엇을 만들지 생각해야 하고, 잘 만들기 위해 여러 가지로 궁리합니다. 병뚜껑이 장난감 자동차의 바퀴도 되었다가 소꿉놀이 그릇이 되기도 합니다. 수시로 그 쓰임이 바뀝니다.

다 만들고 나서는 어떤가요? 만든 장난감으로 무엇을 하고 놀지 생각합니다. 혼자 장난감을 가지고 놀다가 자동차 경기를 하면 적어도 두 명은 모여야 합니다. 경기의 규칙도 있어야 하고 그 규칙을 지키며 놀아야 합니다. 혼자 놀이가 함께 놀이로 바뀝니다. 다른 놀이 세상이 만들어지는 것입니다. 이제 로봇과 재활용품 장난감의 가장 큰 차이점이 보이나요?

창의성입니다. 끊임없이 생각하고 생각하며 놉니다. 장난감을 만들 때 생각하고, 만든 장난감으로 놀 때도 어떻게 놀 건지 생각합니다. 생각이 바로 창의성입니다. 창의성은 문제해결력입니다. 어떤 상황이 주어졌을 때 그 문제를 잘 해결해가는 능력입니다.

그래서 놀이의 재미가 지속됩니다. 로봇이 금방 시들해지는 놀잇감인데 비해, 재활용품은 보기에는 그렇지만 끊임없이 뭔가를 만들어냅니다. 생각하고 창조해내는 과정, 그것이 몰입인데 몰입할 때 나오는 도파민이 행복감을 줍니다. 재미가 있을 때 도파민이 분비됩니다. 하나를 만들어냈을 때의 그 성취감은 재미를 주고, 유능 감과 연결됩니다. 자신이 만든 장난감으로 친구들과 함께 놀 때 그 재미는 배가됩니다. 이렇듯 보잘 것 없이 생각됐던 재활용품이 이렇게 지속적인 재미를 안겨 줍니다.

아이에게 고정화된 장난감을 선물하는 것은 아이의 창의력에
울타리를 치는 행위다.
-권오진, ≪놀이만한 공부는 없다≫

제대로 잘 노는 아이가 제대로 성공한다는 뜻은 무슨 말일까요?

취업포털 캐리어에 따르면 기업이 선호하는 인재상 조사에서 '잘 노는 인재를 선호한다'가 78.9%를 차지하였습니다. 그 이유는 잘 노는 사람은 좋은 대인관계(37%)를 가지고 있고, 업무의 적극성(36%), 다양한 아이디어(17%), 뛰어난 리더십(10%)을 가지고 있는 것으로 조사되었기 때문입니다. 실제로 모의 면접에서도 10명 중 3명 안에 뽑힌 사람들의 놀이성 지수를 검사해 보았더니 뽑힌 사람들의 놀이성 지수가 그렇지 못한 사람들에 비해 월등하게

높게 나왔습니다.

세계적인 석학 다니엘 핑크는 미래 인재의 조건으로 놀이와 유머를 포함합니다. 기업은 문제해결을 잘 해내는 사람이 필요합니다. 이제 창의성은 성공한 삶을 살기 위한 필수조건이 되었습니다. 놀이를 통한 창의성 개발이 답입니다. 새로운 인재는 재활용 박스를 장난감으로 하루 종일 놀 수 있는 사람입니다. 앞으로는 그런 인재가 필요합니다.

당장 치워 vs. 다 놀고 치워도 돼

쉬는 종이 울리자 아이들은 블록 쌓기를 시작합니다. 10분쯤 지나 수업시작종이 울립니다. 후다닥 치워놓고 자리에 앉습니다. 혹시 치우지 않고 그대로 있으면 불호령을 내렸습니다.

"누가 장난감 안 치우고 들어갔어? 당장 나와서 치워!"

예전 저의 모습이었습니다. 아이들에게 놀이가 무엇인지 몰랐던 시절의 이야기입니다.

이제는 아이들의 놀이는 스토리라는 사실을 알고 있습니다. 10분마다 그치는 단막극이 아니었습니다. 처음부터 끝까지 진행되는 제법 긴 연속극이었습니다. 블록 쌓기를 하고 놀 경우 블록이 집이 되고 마을이 세워지고 사람들이 등장하고…. 놀이 속의 이야기가 다 끝나야 드디어 놀이도 끝이 납니다.

처음엔 아이들의 이런 스토리를 존중해 주지 못했습니다. 10

분 놀다가 수업시작종이 울리면 치우고 들어가라고 막 혼냈습니다. 이어질 스토리가 장난감 정리와 함께 와르르 무너지는 줄 몰랐습니다. 아이들의 창의성도 거기서 뚝 끊겼다는 사실도 전혀 알아차리지 못했습니다.

지금 저는 아이들이 놀다가 수업시작종이 울려도 치우라고 하지 않습니다. 스토리가 진행되는 장난감일 경우에 더욱 스토리를 존중해 줍니다. 소꿉놀이, 인형놀이도 주로 스토리로 이어지는 놀이입니다.

교실이 어떻게 되느냐고요? 아니요, 전혀 이상하지 않습니다. 아이들의 놀이를 친구들이 잘 보호해 줍니다. 조금 좁아져도 함께 놀이공간을 지켜줍니다. 점심시간에 밥을 먹은 후 놀이는 그대로 이어집니다. 바로 놀 수 있으니까 그 스토리에 금방 몰입되어 들어갑니다. 끝까지 이야기가 전개되고 나서야 놀이는 끝이 납니다. 참 신기하지요.

놀잇감을 치우는 시간은 마지막 수업의 시작종이 울릴 때입니다. 이제 마치면 집으로 가야 하니까요. 아이들이 알아서 놀이의 스토리를 조정합니다. 마지막 종이 울릴 때쯤은 스토리도 거의 끝이 나고, 아이들은 미련 없이 놀잇감을 치웁니다. 서로 협동하여 잘 치우고 들어갑니다. 실컷 놀고 스토리를 매듭지었으니 미련이 없습니다. 그래서 놀잇감도 잘 치울 수 있었던 것입니다.

놀이 속의 스토리가 바로 창의성입니다. 놀이는 현실 속의 상황이랑 비슷합니다. 엄마, 아빠, 동생도 등장합니다. 상황 속에서 그에 맞게 행동합니다. 상황에 맞게 행동하는 능력이 바로 창의성입니다.

　부모는 누구나 자신의 아이를 미래형 인재로 키우고 싶습니다. 창의성이 있는 아이가 미래형 인재가 될 수 있다는 건 다 알고 있는 사실입니다. 지혜로운 부모와 그렇지 못하는 부모의 차이점은 무엇일까요? 바로 창의성을 대하는 태도입니다. 어리석은 부모는 창의성을 키워준답시고 아이를 창의성 학원에 보냅니다. 창의성이 학원에 가서 키워질 상품입니까?

　어디서 창의성을 키우면 될지 부모들은 정답을 이미 알고 있습니다. 아이와 잘 놀아주거나 아이들의 놀이를 허락해 주면 됩니다. 놀이 속에 아이들이 있으면 됩니다. 놀이를 온전히 존중해 주면 창의성은 자연스럽게 길러집니다.

　어릴 때 제대로 잘 놀아야 합니다. 제대로 잘 놀 수 있도록 허락해 주어야 합니다. 제대로 잘 놀아본 아이가 제대로 성공할 수 있으니까요. 어릴 때의 놀이가 한 사람의 성공과 이렇게 밀접하게 연결되어 있습니다.

삶을 창의하도록
허(許)하라

이전에 동료 교사로부터 들은 내용입니다. 아주 강압적이고 자기의 주장을 고집하는 아버지에 대한 이야기였습니다. 어릴 때부터 아이를 본인의 주장대로 키웠다고 합니다. 자신의 뜻에서 한 치도 어긋나면 바로 설득이 들어간다고 합니다. 아이는 순하게 자랐다고 합니다. 아버지에게 단 한 번도 반항하지 않았고 자신의 주장을 한 번도 말한 적도 없었다고 합니다.

결혼할 당시에도 며느릿감이 마음에 안 든다고 반대를 많이 했다고 합니다. 당연히 아버지와 많은 갈등이 있었겠지요. 온갖 꼬투리를 잡고 감정의 실랑이를 벌였지만, 아들이 그래도 결혼 하겠다고 하니까 정말 할 수 없어서 허락을 했답니다.

결혼 후에도 아버지의 간섭은 계속되고 있다고 합니다. 무엇보다 아버지의 뜻에 안 맞는 일이 있으면 결혼한 아들을 앞혀놓고 밤새 설득한다고 합니다. 말대꾸는 엄두도 못 내지요. 39세 어른이 아버지 앞에서는 아직도 주눅 든 아이로 살고 있답니다. 이런 사례들 주위에 많이 있지 않나요? 특히 가부장적인 부도님들 밑에서 성장한 경우는요.

독불장군 안하무인의 아버지를 둔 이 아들이 정말 자신의 삶을 펼치며 잘 살아갈 수 있을까요? 결혼만 했지, 이 아들이 할 수 있는 일이 무엇일까요? 지금까지 주눅 들어 살아온 마음의 치유를 하려면 오래 걸릴 것 같았습니다. 결혼을 하고도 이렇게 계속 영향을 준다니 정말 큰일입니다. 한 가정의 가장 역할을 제대로 해낼 수는 있을까요?

요즈음 이 가족은 함께 만날 일이 있으면 아버지를 쏙 빼고 아들 내외와 엄마만 만난다고 합니다. 아버지에겐 안 된 일이지만, 이것이 다른 가족들이 살 수 있는 최선의 방법입니다. 늘 아버지로부터 비난받아 주눅 드는 것보다는 나으니까요. 살기 위한 선택이지요. 씁쓸합니다.

부모의 간섭이 의심 많은 아이를 만든다

"선생님, 이걸 해도 되요?"
"선생님, 이렇게 하면 될까요?"

저학년 담임을 하면 유독 이렇게 많이 묻는 아이가 있습니다. 방금 물었던 아이가 조금 하다가 또 묻습니다. 자신이 하는 모든 일을 선생님에게 물어야 마음이 놓이고, 대답을 듣지 못하면 불안해서 진행할 수가 없나 봅니다. 부모가 아이의 일에 사사건건 끼어들어 지나치게 간섭한 아이들이 주로 이런 성향을 보입니다.

"선생님에게 묻지 말고 너 자신에게 물어보면 답을 알 수 있어. 무엇을 하든 자꾸 너랑 대화를 나눠 봐. 그게 창의성이란다."

처음에 이런 말을 들은 아이들은 의아해 합니다. 자신과 대화하면서 무언가를 만드는 게 창의성이라는 말에 놀란 눈으로 쳐다봅니다. 어릴 때부터 지금까지 엄마에게 물으며 해 왔고, 엄마가 하라고 하면 했는데 자기 자신에게 물어보라고 하니 당황스럽나 봅니다.

"맞고 틀리고는 없어. 그냥 자신이 시키는 대로 해 보는 거야. 혹시 이상하다 싶으면, 꼭 다시 만들어야 되겠다 싶으면 처음에 만든 것을 보완해서 다시 만들면 되는 거야. 다시 만들다가 힘들다고 포기하지만 않으면 돼. 생각하면서 만든 만큼 내가 해 낸 거야. 스스로 만들어 본 거잖아."

"선생님, 이렇게 하면 되요?"

그 아이가 아무래도 자신을 믿지 못하겠는지 또 묻습니다. 조금이라도 이상하게 색칠하면 엄마가 불같이 화를 내면서 처음부터 다시 색칠하라고 혼을 낸답니다. 아이가 왜 이렇게 머뭇거리고 눈치를 봤는지를 알겠더라고요.

엄마는 아이에게 자신이 정해주는 틀에서 조금이라도 벗어나면 안 된다고 가르쳤습니다. 사사건건 간섭하고, 못한다고 비난했습니다. 명령하고 강요하며 윽박질렀습니다. 그 결과 주눅 들고 눈치 보는 아이만 남았습니다. 자기의 선택을 믿을 수가 없었습니다. 조금이라도 실수하는 것을 자신에게 용납하지 않는 아이가 되었습니다. 부모님이 용납하지 않았으니까요.

"선생님, 도화지 한 장 더 주시면 안돼요?"

결국 다시 그리겠다고 합니다. 지금 그린 것도 충분히 괜찮은데 도저히 마음이 안 놓이나 봅니다. 그 아이가 진짜 잘 그려보고 싶어서 다시 그리겠다고 한 게 아니라, 이렇게 그리면 누군가가 잘못했다고 지적할까봐 그러는 겁니다.

"이 그림이 마음에 안 드나봐. 그래서 다시 그리고 싶어? 선생님 보기는 정말 괜찮은데. 다시 그리면 시간도 부족하고 또 앞의 그림보다 집중이 덜 될까봐 마음이 쓰여서 그래."

아무리 말해도 결국 다시 도화지를 가지고 갑니다. 다시 처음부터 시작합니다. 이 아이가 그림을 더 잘 그려 냈을까요? 다시 시작한 후 집중력이 떨어집니다. 대강 대강 그리기 시작합니다. 결국 종이 울리고 급마무리 해서 냅니다. 그 아이 능력의 10%도 못 한 결과물을 내고 맙니다.

이런 아이들을 학교 현장에서 정말 많이 봅니다. 능력은 있는데, 그 능력조차 자신이 의심합니다. 자신을 의심하는 아이는 한 발짝도 스스로 나아가지 못합니다. 이런 아이들 곁에는 간섭하고 지적하는 부모님이 항상 있습니다. 부모의 간섭과 지적만큼 아이는 눈치를 보고 자신을 믿지 못해 머뭇거립니다. 부모가 변하지 않는 한 이 아이는 계속 주저주저할 수밖에 없습니다.

아이가 삶을 탐구하고 적용하는 것을 허하자

어릴 때부터 아이에게 놀이를 허락해 줍시다. 마음껏 상상하고, 상상한 것을 적용해서 놀아보는 것이 놀이입니다. 하다가 다시 해도 괜찮다고 허락해 줍시다. 놀이처럼 삶도 놀듯이 탐구하고 적용해 보면서 자랄 것입니다. 놀이를 허락한다는 것은 아이의 삶을 허락하는 것입니다.

삶이 그냥 완성된 비싼 장난감을 사서 놀면 되는 놀이라면 얼마나 쉬울까요? 완성된 장난감으로 아이가 배운 것은 무엇이었을까요? 무엇을 만들까 고민했고, 어떻게 만드니까 더 멋진 장난감이 되는지를 스스로 터득할 수 있었을까요? 자기가 만든 장난감으로 따로, 또 같이 놀 때의 그 재미를 만끽할 수 있었을까요? 그 행복을 아이의 뇌에 저장했을까요?

목적이 정해진 비싼 놀잇감은 아이가 탐구하고 적용하면서 삶을 배울 기회를 빼앗습니다. 재활용품들과 놀면서 삶을 배울 기회를 허락해 주세요. 아이에게 진정한 놀이를 허락해 주세요. 놀면서 삶을 창의하도록 허락해 주는 겁니다. 아이에게 삶을 탐구할 기회를 주는 것은 부모 자신에게도 중요한 일입니다. 어쩌면 자식보다 먼저 부모가 해야 할 일인지도 모르겠습니다.

부모는 자신의 삶을 얼마나 창의적으로 살고 있을까요? 창의적으로 살아낸다는 게 무엇일까요? 문제가 닥쳤을 때 '이것을 어떻게 해결하지?' 하며 고민해 보는 과정, '그래, 이렇게 하면 되겠구나!' 하고 결정하는 과정, 결정한 것을 용기 내어 실행에 옮겨 보는 것, 실행해보고 그 방법이 맞지 않다면 왜 맞지 않은지 다시 고민해 보고 다른 방법을 찾는 것. 이러한 과정이 창의성의 핵심 아닐까요.

우리는 삶에서 창의를 허하며 살아가고 있나요? 아이의 모델은 부모입니다. 부모가 자신의 삶으로 가르친 것만 배웁니다. 때문에 아이에게 창의적으로 살라고 강요하지 않아도 됩니다. 부모가 창의적으로 살아가면 되니까요.

부모가 살아가는 과정들을 아이가 다 보고 있습니다. 장거리 레이스의 반 정도 뛰어놓고 조금 힘들다고 주저앉아 버린 것도 압니다. 핑계거리를 만들어 중도에 그만 두었는지도 다 지켜봅니다. 부모가 쉽게 포기한다면 아이에게 삶이 어떤 거라고 말할 자격이 없습니다. 결승점까지 달려야 한다고 말해도 아무 소용이 없습니다. 부모가 넘어지더라도 얼른 일어나서 달리는 모습을 보여주면 됩니다. 등수는 중요하지 않습니다. 힘들면 중간에 조금 쉬어도 됩니다. 자신의 속력과 보폭으로 최선을 다하여 달리는 모습만 보여주면 됩니다. 아이는 그 모습을 다 기억하고, 박수를 보냅니다. 그런 부모에게서 아이들은 감동을 받습니다. 부모가 보여준 그 감동으로 아이들도 자신의 삶의 레이스를 달려갈 수 있습니다.

인생은 한 방으로 끝나는 게 아닙니다. 평생 진행되는 장거리 레이스입니다. 모든 구간에서 배울 점이 있습니다. 언제 어디에 배움의 지점이 놓여 있는지는 아무도 모릅니다. 달려보아야 압니다. 그러니 최선을 다해 달려보는 것입니다.

　이런 삶을 살고 있나요? 자신의 삶을 먼저 창의하고 있는지요? 삶에서 실패하는 과정, 다시 도전하는 모습, 노력하여 결국 성공을 이뤄내는 모습, 이런 작은 성공들을 쌓아가는 과정, 어쩌면 실패하는 과정을 다 보여주고 계신가요? 안 보여주어도 다 보고 있습니다.

　시도하지 않고 실천하지 않으면서 말뿐이라면 그냥 완성된 로봇을 바라보는 정도의 관심일 뿐입니다. 조금 관심을 가지다가 결국 돌아서 버립니다. 재활용품으로 끊임없이 뭔가를 만들어 내는 삶을 가르쳐야 합니다. 부모는 자식에게 배움의 장, 삶의 교과서여야 합니다. 당신의 삶을 먼저 창의하세요. 평생 창의하며 사세요. 그래야 당신의 아이도 그런 삶을 살 거니까요.

딸에게 쓰는 편지

사랑하는 딸,
엄마도 하마터면 실수할 뻔 했어.
우리 손주를 위해서 비싸고 폼 나는 장난감을 사 갈 뻔 했어. 이제는 미국에 가면 재활용품과 온갖 상자를 다 모을 거야. 우리 손주가 이것으로 로봇도 만들고 자동차도 만들 수 있도록. 이런 게 가장 좋은 장난감이 된다는 사실을 알았으니 참 천만다행이야.

신문지나 화장지도 좋은 장난감이 될 수 있단다. 신문지를 쭉쭉 찢으면서 감정을 풀기도 하고 신문지 조각을 흩날리면 눈이 내리는 것처럼 신날 지도 몰라. 신문지 더미 속에서 숨바꼭질을 해도 재미있을 거야. 아이는 술래하고 아빠는 신문지 더미에 숨고 말이야.

마지막은 신문지 정리놀이로 공 만들기가 어떨까. 찢어진 신문지 조각들을 돌돌 말아 공을 만드는 거야. 아빠는 휴지통을 들고 서서 아이가 휴지통에 던져 넣으면 "고맙습니다." 하고 말 해주는 거지.

두루마리 화장지나 종이컵으로 할 수 있는 놀이도 셀 수 없을 만큼 많단다. 높이 쌓기, 지그재그로 쌓기, 화장지나 종이컵 방 만들기, 징검다리 만들기, 장애물 건너뛰기 등등. 살짝만 검색해 봐도 놀이법을 쉽게 찾을 수 있어. 이런 놀이를 하며 아이를 잘 키우고 있는 부모님들이 많더구나.

놀이 종류가 꼬리를 물고 생각이 나네.
우리 손주가 자라면 함께 놀이할 생각에 이 할머니는 벌써부터 신이 난다. 손주 덕분에 할미가 뒤늦게 더 창의적인 사람이 되겠다. 너무 행복하다.

PART 4

책 읽는 아이가
세상을 가진다

최고의 도서관은 부모

"전 자라면서 책을 읽을 필요가 없었습니다. 우리 엄마 아빠가 제겐 가장 좋은 도서관이었으니까요."

스타 PD이자 서울문화재단 대표 주철환 씨의 아들이 한 매체와의 인터뷰에서 한 말입니다. 이 말을 듣고는 다행이라는 생각을 했습니다. 어릴 적 딸아이에게 독서습관을 길러주지 못해서 지금도 한이 되어서요. 제가 엄마 역할을 잘 하지 못했다는 죄책감이 있었거든요. 이런 저에게 '부모가 가장 좋은 도서관'이라는 말이 위안을 주었습니다. 딸아이가 독서를 잘 하지 않더라도 제가 뭔가 한다면 딸에게 도움이 된다는 말이니까요. 다소 안도감이 듭니다.

주철환 씨 부부는 어떻게 했기에 자녀로부터 '도서관'이라는 말을 들을 수 있었을까요? 주철환 씨의 삶을 살짝 들여다보니 그 답이 보였습니다. 그는 책을 아주 좋아하는 사람입니다. 그리고 아이들과 대화가 잘 통하는 아빠입니다. 아이와 얼마나 잘 놀아주었을지 짐작이 됩니다. 아이와 잘 놀아준다는 건 아이와 끊임없이 대화를 했다는 말입니다. 아빠와 얼마나 많은 대화를 주고받았기에 아빠를 도서관이라고까지 말해주었을까요. 그의 자녀들은 좋은 부모 덕분에 세상을 잘 배울 수 있었을 것입니다.

부모가 아이와 놀아주면서 끊임없이 대화를 유도하는 것은 아이에게 엄청난 축복입니다. 다양한 사고를 할 수 있는 장이 되기 때문입니다. 이렇게 자녀들에게 축복의 기회를 주는 부모가 된다면 참 좋은 일입니다.

책, 읽지 말고 상상하자

잘 놀아주고 대화를 많이 하는 부모들은 아이가 자라서도 끊임없이 아이에게 영향을 미칩니다. 계속된 소통의 과정 속에서 자연스럽게 부모의 생각, 사고방식, 삶의 철학이 아이에게 전해질 겁니다. 부모의 삶의 노하우가 아이에게 그대로 전수되는 거나 마찬가지입니다. 만약 부모가 책을 많이 읽었거나 풍부한 경험과 삶의 철학이 탄탄하다면 아이에게 얼마나 플러스 요인으로 작용할까요.

아이들이 어릴 때부터 삶 공부를 좀 더 효과적으로 하도록 돕는 것이 부모가 해야 할 역할입니다. 그래서 도서관 역할을 할 수 있는 능력을 갖추고 있는 부모라면 훨씬 좋겠다는 겁니다.

아직 어린 아이에게 어떻게든 글을 가르쳐서 스스로 책을 읽게 하려고 안달하는 부모들이 우리 주위에는 예상외로 많습니다. 그림책을 보면서 많은 것을 상상하기보다는 글자 읽기에 집중하기 때문입니다. 너무 어린 나이에 글자를 익히게 되면 상상력을 펼칠 수 있는 기회를 빼앗기게 됩니다.

실제로 문법과 언어를 익히는데 사용되는 좌뇌는 3세 이후 발달하기 시작하여 7세 이후에 본격적으로 발달한다고 합니다. 그러므로 문자교육을 할 수 있는 최적기는 7세 이후입니다. 문자교육의 최적기란 이 때 배워야 더 즐겁고 빨리 언어를 배울 수 있다는 겁니다.

반면 우뇌는 6세 이전에 급속도로 발달합니다. 그러다가 6세 이후로는 서서히 퇴보한다고 합니다. 그러므로 우뇌 적기 교육은 6세 이전까지 아이와 함께 직접 보고 듣고 느낄 수 있는 다양한 경험을 제공하는 것입니다. 어릴 때 독서보다 노는 게 최고의 학습인 이유가 여기에 있습니다. 어릴 때부터 독서를 시키는 데 올인하기보다 부모가 아이의 도서관이 되어주고 아이가 글자를 배울 나이가 되면 그때부터 독서를 시켜도 늦지 않다는 겁니다. 아이의 언어발달 시기에 맞추면 더 효과적인데, 굳이 뇌에 스트레스를 주면서까지 독서교육을 앞당길 필요가 없다는 말입니다.

어릴 때 독서습관을 들여놓지 못하면 뭔가 엄청난 실수를 한 것처럼 주눅들 필요가 없습니다. 독서습관을 들이기 위해 부모와 놀아야 할 시간, 친구와 놀아야 할 시간까지 빼앗아 책을 읽으라고 강요하는 실수를 범하지 말아야 합니다. 부모가 억지로 책을 읽도록 시키면 어릴 때는 마지못해서 읽지만, 아이가 평생 책을 좋아하면서 살아갈 거라고는 장담할 수 없습니다. 그 반대로 책을 싫어하는 아이로 살아갈 가능성이 더 높습니다. 싫어하는 일을 억지로 시켰으니 당연한 결과가 아닐까요.

주철환 씨의 자녀의 말처럼 아이는 부모라는 책을 통해 평생 배울 수 있습니다. 부모가 하는 말, 생각, 사는 모습이 아이에겐 한 권의 책이 되는 것입니다. 실시간으로 아이에게 영향을 미치는 엄청난 에너지를 가진 책입니다. 어쩌면 복사본 책이 탄생하는 건지도 모릅니다. 부모라는 책, 원본이 어떤 책인지 정말 중요하겠네요.

부모라는 책, 부모라는 도서관을 아이가 많이 활용하기 위해서는 아이와 소통이 잘 되어야 합니다. 제 아무리 좋은 책이라도 누가 읽어주지 않으면 아무 소용이 없습니다. 아무리 멋진 도서관이라도 누가 애용하지 않으면 아무 소용이 없습니다. 부모가 가진 생각, 지식 등은 대화를 통해서 전할 수 있습니다. 대화가 자연스럽게 잘 되어야 생각, 지식, 지혜들이 전해질 수 있습니다.

아이와 대화하기가 참 어렵다고 합니다. 더구나 소통이 되는 대화를 진행하는 것은 더 고난이도입니다. 평생 아이와 소통하기 위해서는 어릴 때부터 잘 놀아주어야 하고, 그 안에서 일상적으로 대화해야 합니다. 그러지 않으면 학년이 올라갈수록 아이는 서서히 말문을 닫습니다. 사춘기가 되면 어려움이 절정에 달합니다. 소통은 꿈도 못 꾸는 사이가 되고 맙니다.

주철환 씨와 그 아들은 자연스럽게 소통이 잘 되는 부자(父子) 관계이더라구요. 지금도 아들과 친구처럼 아주 잘 지내는 사이더군요. 그러니 아들과 대화하는 시간도 많을 겁니다. 물론 소통이 잘 되겠지요. 아빠의 생각이 아들에게 잘 전수되겠지요. 평생 좋은 부모도서관의 역할을 충실히 해 내겠지요.

딸이 책을 많이 안 본 것에 대한 걱정은 이제 내려놓으려고 합니다. 대신에 제가 딸아이의 부모도서관 역할을 평생 어떻게 해낼지를 고민해 보렵니다. 딸과 평생 소통이 잘 되는 모녀가 되려고 노력하렵니다. 제 딸이 부모라는 도서관을 많이 이용할지 안할지는 딸 아이 마음이겠지만요.

딸이 자라면서 저와 대화하는 시간은 그 어떤 부모, 자녀 간보다도 많았을 것이라 자부합니다. 제 딸은 늘 제 앞에서 수다쟁이였습니다. 이야기를 하다가 밤을 지새우기도 했었습니다. 딸과의 대화는 그 어떤 사람과의 대화보다 항상 꿀맛이었습니다.

딸이 결혼하고 아기를 낳은 후 속 깊은 대화를 할 기회를 가졌습니다. 올해 초 미국에 있는 딸의 집을 방문해 새해를 함께 맞이하면서 새벽까지 마주앉아 이런저런 이야기를 나누었지요. 어떻게 아이를 키워야 하는지부터 시작해서 남편에게 어떤 아내여야 하는지 대화가 자연스럽게 이어졌습니다. 앞으로 인생을 어떻게 살아가야 하는지도 이야기를 나누었고요.

"엄마는 진짜 안 외로워?"

아빠를 일찍 떠나보내고 평생 혼자 살아가고 있는 엄마가 외로울 수도 있겠다는 생각이 들었나 봅니다.

"나를 사랑하지 않을 때는 외로웠는데, 진짜로 나를 사랑하니까 하나도 안 외로워."

"진짜로 나를 사랑한다는 게 무슨 뜻이야?"

"진짜로 사랑한다는 건, 사랑하는 그 사람을 위해서 뭐든지 해줄 수 있는 거지. 나 자신을 그렇게 사랑하게 되니까 더 이상 외롭지 않더라."

딸과 대화를 나누면서 사골을 우려낸 깊은 육수 맛 같은 느낌이 들었습니다. 깊이 소통하며 살기에 이런 대화도 나눌 수 있는 것이겠지요.

이제 딸아이는 엄마라는 이름으로 제 도서관을 더 자주 찾을지도 모릅니다. 앞으로는 삶과 철학 관련 분야의 엄마도서관 자료를 열심히 업데이트해 놓으려고 합니다. 우리 딸이 육아 다음으로 애용할 분야가 이쪽일 것 같거든요.

지혜로운 엄마가 되어야겠다는 생각이 듭니다. 다양하게 경험하고 뜨겁게 살아가는 것이 이쪽 분야 자료를 업데이트할 수 있는 방법일 것 같습니다. 제가 도움이 되는 엄마일 때 우리 딸이 더 자주 엄마도서관을 애용하겠지요. 항상 엄마도서관을 잘 충전해 두고 기다려야겠습니다.

왜 하필
독서습관?

 당신의 인생을 가장 짧은 시간에 가장 위대하게 바꿔 줄 방법이 무엇인가? 만약 당신이 독서보다 더 좋은 방법을 알고 있다면 그 방법을 따르기 바란다. 그러나 인류가 현재까지 발견한 방법 가운데서만 찾는다면 당신은 결코 독서보다 더 좋은 방법을 찾을 수 없을 것이다.
 −워렌 버핏

 내게는 하버드 졸업장보다 독서하는 습관이 더 중요하다.
 −빌 게이츠

제대로 된 독서습관을 가진 사람이 훌륭한 인재로 성장한다는 사실을 반드시 위대한 인물들의 목소리를 통해 말할 수 있는 건 아닙니다. 초등학교 교사로 25년 이상 학교 현장에서 아이들을 만나면서 이것이 너무나 확실히 진실임을 확인했기 때문입니다. 그래서 저는 부모들에게 현장에서 경험한대로의 진실을 반드시 알려드려야 한다는 의무감을 가지고 있습니다.

책을 읽는 아이들은 뭔가 다르다

학교 현장에서 보면 책을 읽은 아이와 책을 읽지 않는 아이들의 차이는 확실합니다. 제가 말하는 아이들은 책을 읽고 관련 지식만 많이 알고 있는 아이들을 말하는 것은 아닙니다. 지식을 머릿속에 저장했다가 출력해서 앵무새처럼 말하는 아이들을 만들기 위한 독서를 말하는 것은 절대 아닙니다. 책을 읽으면서 다양한 생각을 한 아이들, 생각의 크기를 키우는 독서를 한 아이들을 말합니다.

책을 제대로 읽은 아이들은 빛이 납니다. 마음에서 나오는 빛이라고 생각합니다. 마음 에너지가 은은하게 밖으로 배여 나오기 때문일 겁니다. 8살, 9살 밖에 안 된 아이들한테서 이런 평온하고 잔잔한 에너지가 느껴진다는 게 참 신기합니다.

이런 아이들이 공부를 하거나 문제해결을 해야 할 상황에서는 또 다른 빛이 납니다. 평온한 에너지가 열정적이고 몰입하는 에너지로 전환됩니다. 최선을 다하고 끝까지 해 냅니다. 힘들어도 포기하지 않는 인내심까지 있습니다. 이런 내공들이 독서를 통해서 길러졌다고 생각하니 놀라울 따름입니다.

우리 학교에서도 매일 아침 20분씩 독서시간이 있습니다. 학교에 오자마자 책을 펼치고 책에 빠져서 책을 읽는 아이들의 모습은 참 예쁩니다. 독서습관이 형성된 아이들의 모습입니다.

다른 모습의 아이들도 봅니다. 교실에 들어와서 자기 자리에 앉는 것조차 바로 안 되고, 친구들 자리에서 왔다 갔다 하는 아이들이 있습니다. 물론 친구들과 만나자마자 하고 싶은 이야기도 많겠지요. 다양한 것에 관심이 갈 나이니까요. 제가 말하고 싶은 건 별 이유 없이, 별다른 목적 없이 여기저기 기웃거리며 마음의 안정을 못 찾는 모습을 두고 하는 말입니다.

자기 자리에 앉았어도 책을 읽기까지 더 시간이 걸립니다. 마지못해 책을 펼쳐서 읽지만 몇 장 넘겨보다가 그만둡니다. 짝이나 주위 친구들과 이야기를 시도합니다. 친구들 독서하는 것까지 방해가 되니까 다가가서 조용히 하라고 주의를 주면, 잠시 그 때뿐입니다. 또다시 친구들에게 말을 겁니다. 그렇게 지적받다가 독서시간이 끝납니다. 이런 상황이 되풀이됩니다. 독서습관이 형성되지 않은 아이들 모습입니다.

이 모습은 수업시간에도 그대로 이어집니다. 독서에 집중하는 아이들은 공부시간에도 집중을 잘 합니다. 수업시간 선생님의 말에 귀 기울여 잘 듣는 건 듣기 능력이 좋은 것입니다. 선생님의 말을 들으면서 끊임없이 자신의 생각을 덧붙이느라 떠들 시간이 없는 것입니다. 독서하면서 듣고 생각하는 습관이 자동적으로 길러졌으니 수업시간에도 잘 들을 수 있는 것입니다. 잘 들은 아이가 그렇지 못한 아이에 비해 공부를 잘 하는 건 당연한 결과입니다.

반면 독서시간에 집중하지 못하는 아이들은 수업시간에도 집중을 잘 못합니다. 물론 수업시간에 아이들을 집중하게 하는 건 선생님의 책임이겠지만, 똑같은 상황이 주어져도 독서습관이 형성되지 않은 아이들의 모습을 비교 관찰해 본 결과를 말하는 것입니다. 이런 아이들은 수업 중에도 끊임없이 친구들에게 말을 겁니다. 아침 독서시간의 모습을 그대로 수업시간에 옮겨 놓은 것 같습니다. 독서하면서 책 속의 내용에 귀 기울이고 생각하는 습관이 길러졌다면 수업시간에도 당연히 잘 들을 수 있을 텐데 말입니다. 선생님의 말을 잘 듣고 자신의 생각을 보태느라 떠들 시간이 없을 텐데 말입니다.

참 안타까운 마음이 듭니다. 이런 모습은 학년이 올라가도 변하지 않거나 갈수록 더 심해집니다. 부익부 빈익빈 현상이 여기서도 나타납니다. 독서습관으로 듣기 능력이 길러졌으니 학년이 올라갈수록 공부를 더 잘 할 수 있는 건 당연한 결과라고 생각합니다. 독서습관의 형성이야말로 아이들만의 잘못은 아니니 더 안타깝습니다.

마음의 빛, 마음의 에너지를 앞에서 언급했는데요. 친구관계에서도 마찬가지입니다. 독서습관이 형성되어 책을 제대로 읽은 아이와 읽지 않은 아이들은 마음 에너지에서 차이가 납니다. 마음 에너지를 형성하는 데에는 여러 가지가 영향을 미치겠지만 그중 하나가 독서습관입니다. 독서습관이 형성된 아이들에게는 신기하게도 평온하고 잔잔한 에너지가 흐릅니다. 그 에너지 때문인지 친구들이 편안하게 다가갑니다. 초등학교 저학년들이면 걸핏하면 싸우잖아요. 그런데 책을 제대로 읽은 아이들은 에너지 자체가 다릅니다. 싸움 자체를 싫어합니다. 평온하고 잔잔한 에너지이니 싸움을 싫어하는 건 당연하지요. 그래도 친구들이 집적거리면 싸울 텐데 그렇지 않는 경우가 더 많습니다. 마음의 내공이 있는 것처럼 느껴집니다. 갈등이 일어나도 말로 해결하려고 노력합니다. 내공이 있으면서도 평온한 아이들이니 친구들이 더 좋아합니다.

어른이나 아이들이나 사람의 에너지에 끌리는 경향성도 비슷합니다. 이런 에너지가 있는 아이들이 있는 교실은 차분하고 밝고 긍정적인 에너지로 환해집니다. 갈수록 빛이 나는 아이로 키우는 방법으로 독서가 가장 강력합니다. 마음에너지 단단한 아이로 키우는 가장 확실한 방법이 독서입니다.

읽기, 모든 학습의 기초

우리나라 부모들은 뭐니 뭐니 해도 자녀의 공부에 관심이 많습니다. 책읽기와 학업 성취에 관련된 수많은 연구가 있습니다. 그것들을 종합해 보면, 읽기가 교육의 중심에 있다고 합니다. 굳이 연구 내용을 들먹이지 않더라도 책을 많이 읽은 아이일수록 공부를 더 잘 하게 될 거라는 것은 상식 수준으로도 이해가 되는 내용입니다. 독서를 제대로 하면 공부를 잘 하는 것은 자연스럽게 따라오는 결과입니다.

많이 읽으면 더 많이 알게 됩니다. 많이 알게 되면 더 잘 이해

합니다. 더 잘 이해하면 더 똑똑해집니다. 자신의 기질과 적성에 맞는 일을 찾아 적극적이고 능동적으로 미래를 개척할 수 있게 됩니다. 따라서 읽기가 최우선입니다. 읽기야말로 사회적 성공을 이룰 수 있는 가장 중요한 요인입니다.

초등학교 아이들을 보아도 바로 비교가 됩니다. 어릴 때부터 독서습관이 형성된 아이들은 초등학교 1학년부터 당장 차이가 납니다. 관련 지식을 더 많이 알고 있으니 학교 공부가 더 잘 이해됩니다. 당연히 공부를 잘 할 수밖에 없습니다. 이런 차이는 고학년이 될수록 더 커집니다. 6학년이 되면 책을 많이 읽은 아이들은 두각을 나타냅니다. 마치 반석 위에 집을 지은 것 같습니다. 차곡차곡 쌓여진 독서의 내공이 공부에서 그대로 나타납니다. 아무리 퍼올려도 마르지 않는 샘물과 같습니다.

하지만 독서를 하지 않은 아이들은 모래 위에 집을 지은 것 같습니다. 얕아서 바닥이 금방 보일 것 같습니다. 갈수록 불안하고 언제 허물어질지 아슬아슬합니다. 학원 몇 군데 다니는 걸로 바닥을 메워보지만, 근본적인 해결책이 아닙니다.

내 아이를 반석 위에 집을 짓게 할지, 모래 위에 집을 짓게 할지는 부모의 몫입니다. 독서를 한 아이와 안 한 아이가 어릴 때부터 이렇게 차이가 나는 것은 절대 그냥 지나칠 일은 아닙니다.

읽어주면
읽게 된다

어떻게 하면 제대로 된 독서습관을 길러줄 수 있을까요? 결론부터 말하겠습니다. 먼저 읽어주면 됩니다. 읽어주면 읽게 된다는 말입니다. 먼저 읽어주어야 제대로 된 독서습관을 길러줄 수 있습니다. 바꿔서 말하면 읽어주지 않으면 제대로 된 독서습관이 길러지지 않을 수도 있다는 말입니다. 제대로 된 독서습관이 길러졌다는 말은 책이 좋아서 스스로 책을 찾아서 읽고 책과 함께 성장하는 것을 말합니다. 우리 아이가 책을 좋아하고 책을 찾아서 스스로 읽게 되고 책을 통하여 성장하면 얼마나 좋을까요. 먼저 책을 읽어주면 자동적으로 책을 읽는 아이로 자라게 됩니다.

행복한 경험을 또 하고 싶다

갓 태어난 아이도 부모가 책을 읽어주면 그 소리에 반응한다고 합니다. 태교할 때도 책을 읽어주면 좋다고 하지요. 이때의 책 읽기는 단지 내용을 전하는 것이 아닙니다. 엄마의 목소리에 아이가 안정감을 갖는다는 겁니다.

태어나서 아이의 애착기에 부모가 그림책을 읽어주는 모습을 상상해 봅시다. 아이를 품에 꼭 안고 엄마의 목소리로 책을 읽어 줍니다. 아이랑 도란도란 이야기를 나누면서 말입니다. 아이는 엄마의 피부 감촉을 그대로 느끼고, 다정한 목소리를 듣습니다. 엄마를 온통 독차지하는 시간입니다. 아이에게 그림책은 그림책 자체가 아니라 엄마의 생각을 알 수 있고 엄마를 온전히 느낄 수 있는 시간입니다. 책읽기를 통하여 엄마를 더 친근하게 느낄 수 있습니다. 엄마의 사랑을 온전히 확인하는 시간입니다. 얼마나 행복한 경험일까요.

부모의 입장에서도 마찬가지가 아닐까요. 그림책을 읽어주기 위해 아이를 엄마 품에 안거나 가까이에 앉힙니다. 엄마 목소리에 가만히 귀 기울여 듣는 아이를 보게 됩니다. 그림책을 읽어주며 아이랑 오순도순 이야기를 나눕니다. 아이의 생각에 가만히 귀를 기울입니다. 아이를 좀 더 깊이 관찰하고 알아가는 시간이며, 친밀감이 형성되는 시간입니다. 이런 시간인데 행복하지 않을 리 없잖아요. 그러는 사이 엄마와 아이는 서로의 경험, 감정, 생각을 교감하고 공유하게 됩니다.

"엄마도 이런 적 있었어."

아이에게 엄마의 경험을 말해 주기도 합니다.

"우리 똘이도 이렇게 화난 적이 있었을까?"

아이의 경험을 슬쩍 물어보기도 합니다. 그러면 아이는 똘똘한 눈동자를 엄마에게 향하고 화났던 이야기를 종알종알 쏟아냅니다. 엄마는 아이의 이야기를 들으며 맞장구를 치기도 하고 마음을 읽어주기도 합니다. 지지자가 되고 응원군도 되고 위로자도 됩니다. 이제 엄마와 아이는 경험을 공유한 사이가 됩니다. 책이 매개체가 되어 엄마와 아이 사이를 더 끈끈하게 연결해 줍니다.

이런 교감, 동질감을 아이가 자꾸 느끼고 싶은 겁니다. 엄마가 아이에게 책을 읽어줄 때마다 아이의 뇌는 행복하다는 메시지를 받게 됩니다. 이것이 반복되면 아이의 뇌는 책과 행복하다는 감정을 연관시키게 됩니다. 책=행복이라는 공식을 길들이는 것입니다. 뇌는 행복한 경험을 자꾸 하려는 습성이 있습니다. 뇌를 속여 봅시다. 책읽기가 행복으로 연결되기까지.

책 읽기도 기술이다

아이들에게 자전거를 가르친다고 해서 바로 탈 수는 없습니다. 연습하다보면 어느 날 자전거를 타게 됩니다. 그러다가 능숙하게 잘 타게 되잖아요. 이처럼 책 읽기도 기술이랍니다.

책 읽기가 기술이라는 말은, 처음부터 책읽기를 잘 하는 사람은 없다는 뜻입니다. 책을 읽게 되는 과정은 조금 더 긴 시간이 필요합니다. 엄마가 책을 읽어주면, 처음에 아이는 책의 내용을 듣다가 어느 날 책의 내용과 글이 연결되는 것을 발견하게 될 겁니다. 그러다가 글이라는 것이 조금씩 눈에 들어오게 되는 날이 오 겠지요. 어느 날 글자를 한 자 한 자 익히게 되고, 글자를 읽으며 글을 읽게 되는 날이 오게 되겠네요. 스스로 재미를 느껴 글을 읽 게 되는 날도 올 거고요. 결국 누가 말하지 않아도 책을 스스로 읽 는 사람이 된다는 말이지요. 이렇게까지 되어야 독서습관이 형성 되었다고 말할 수 있지요. 이렇게 될 때가지 책을 읽어주자는 말 입니다.

읽기능력과 듣기능력의 수준 차이가 있다

아이들이 책을 읽기 시작하면 스스로 읽으라고 하는 부모님들이 많습니다. 그렇게 하면 책을 더 잘 읽을 수 있을 것 같아서입니다. 글은 더 잘 읽을 수 있을지는 모르겠습니다. 하지만 책을 좋아하 는 아이로 자랄 수 없을지도 모릅니다.

그 이유는 읽기능력과 듣기능력의 수준 차이 때문입니다. 책을 읽을 줄 안다고 해서 그 책의 내용을 온전히 이해하는 것은 아닙 니다. 우리가 혼자서 읽을 때는 잘 이해가 안 되던 내용도 누군가 읽어주면 더 잘 이해되던 경우가 있습니다. 아이들도 마찬가지입 니다. 혼자서 읽을 때에는 이해하지 못할 복잡한 이야기를 누군가 읽어주면 훨씬 더 잘 이해가 된다는 말입니다. 전문가의 의견에 따르면 읽기능력과 듣기능력의 수준이 같아지는 것이 중학교 2학 년 무렵이라고 합니다. 어릴 때부터 책을 읽어주었더라도 적어도 중학교 2학년까지는 책을 읽어주어도 괜찮다는 말이잖아요. 아이가 그만하라고 말하지 않는다면 말이지요. 안 읽어주어서 문제이지, 많이 읽어주었다고 문제가 되는 경우는 없을 겁니다. 걱정 말고 읽어줍시다.

아이가 책 읽기를 행복한 경험으로 연결 짓도록 해봅시다. 아이가 그만하라고 할 때까지 읽어주면 책읽기=행복이라는 공식이 머릿속에 성립될 겁니다. 그렇게 계속 읽어주다 보면 어느 날 스스로 책을 읽으려고 하는 날이 올 겁니다. 그 때까지만 꾸준히 읽어주면 됩니다. 읽어주면 반드시 읽게 되는 날이 옵니다. 그렇게 될 때까지 부모는 책과 행복한 경험을 연결해 주는 중요한 매개체가 되어야 합니다.

아이를 안아주는 일을 제외하고는, 우리가 아이에게 쉽게 할 수 있는 가장 귀하고 중요한 일은 바로 책을 읽어주는 일입니다.

언제부터, 언제까지 읽어줄까?

앞서서 책을 읽어주기 시작하는 시기에 대해 이야기하였는데, 여기서 좀 더 자세히 들여다보도록 하겠습니다. 아이에게 책을 언제부터, 언제까지 읽어주면 좋을까 하는 의문은 제가 다시 부모가 된다고 해도 많이 궁금할 내용입니다. 무엇보다 제 딸부터 이것이 가장 궁금하다고 합니다.

책 읽어주기, 태어나면서부터

언제부터 아이에게 책을 읽어주면 좋을까 하는 질문을 하면, 전문가들은 이렇게 되묻습니다.

"언제부터 아이에게 말을 하나요?"

그렇군요. 엄마는 아이가 뱃속에 생겼다는 걸 인지하면서부터 아이에게 말을 합니다. 그리고 태어나면 말을 겁니다.

"우리 아기, 사랑해! 정말 예쁘구나!"

아기는 엄마의 말을 알아듣지 못하지만, 엄마에게는 별로 중요하지 않습니다. 아이를 품에 꼭 안고서 이런 말들을 합니다.

"우리 아기, 배고팠어?" "우리 아기, 졸리구나!"

갓 태어난 아기는 엄마의 말을 한 마디도 알아듣지 못합니다. 엄마는 이 사실을 알면서도 아랑곳하지 않고 길고 복잡한 말도 합니다. 심지어 스토리를 말하기도 합니다. 어떤 말을 하는지 형식은 중요하지 않습니다. 아이가 알아듣는지도 중요하지 않습니다. 그냥 아이에게 말을 건넵니다. 엄마의 음성을 들려줍니다.

그러면서 의외로 책을 읽어줄 생각은 하지 못하는 엄마들이 많습니다. 생각해 보세요. 말을 하는 것도 소리를 들려주는 것입니다. 글을 읽어주는 것도 마찬가지라고 합니다. 아이는 엄마가 읽어주는 것을 전혀 이해할 수는 없지만, 그런 말들을 반복해서 들으면서 말을 배웁니다. 엄마의 감정, 생각을 느낍니다. 엄마의 말에 아이가 반응을 하는 것이지요. 책을 읽어주어도 같은 효과가 나타납니다. 말하기나 읽기 둘 다 언어로 되어 있기 때문입니다.

"조그만 것이 뭘 알아듣겠어. 책 읽어주는 건 아직 아닌 것 같아."

저도 이렇게 생각한 적이 있었는데, 그게 아니었습니다. 아기에게 말을 하는 엄마라면 책도 읽어줄 수 있어야 합니다. 뱃속에 있을 때 동화책을 읽어주는 행동도 아기에게는 의미가 있는 것이었습니다.

갓난아기의 생후 6개월간은 우리의 목소리와 그림책을 '익숙하게' 하는 시기라고 합니다. 미국 보스턴의 아동발달 전문의인 베리 브라젤턴 박사는, 이 시기 부모의 가장 중요한 과제는 부모가 정보를 건넬 때 아기가 귀를 기울이게 하는 것이라고 말합니다. 엄마의 말만으로도 이것을 다 할 수 있으면 충분히 좋지요. 하지만 일상적으로 하는 말만으로는 아기가 귀를 기울이게 할 요소가 부족하다는 걸 느낄 겁니다. 이 때 책을 동원하면 됩니다.

엄마의 목소리로 읽어주는 책은 글이 아니라 음성으로 들립니다. 엄마의 음성에 아이가 귀 기울이게 된다는 말입니다. 다시 말하지만 내용을 이해해서가 아니라 엄마의 소리에, 음성에 아기는 귀를 기울인다는 겁니다. 어떤 형태로든 말을 해 주고 책을 읽어주면 아이는 엄마의 가슴 벅찬 사랑을 느낄 수 있습니다.

그렇다면 아기 때 어떤 책을 어떻게 읽어주어야 할까요? 제 개인적인 생각으로는 어떤 책이든 상관이 없을 것 같습니다. 엄마가 읽고 싶은 책을 아이를 안고서 소리 내어 읽는 것도 좋다고 생각합니다. 어떤 책이든 아이가 반응을 보이는 것이면 좋겠지요. 이 시기에 책을 읽어주면 아이의 두뇌 발달상에도 좋다는 정보는 넘치도록 많더라고요. 어릴 때부터 아기에게 책을 읽어주면서 키우는 내용을 올리는 블로그들도 많이 있더라고요. 조금만 관심을 두면 정보를 찾는 것은 어렵지 않습니다.

다만 참고는 하되 어떤 방법이든 맹신하지는 않았으면 합니다. 아기에게 책을 읽어주는 목적은 지식의 습득이 아니라, 부모의 사랑을 느끼게 하기 위해서이기에 그렇습니다. 학습을 목적으로 아기의 뇌에 과부하가 걸리게 해서는 절대 안 되겠지요. 그런 부모들이 있어서 노파심에서 하는 소리입니다. 중요한 건 아이의 눈을 맞추면서 엄마의 목소리를 들려주는 시간을 오로지 책 읽기로만 대체해서는 안 된다는 겁니다. 아이가 다양한 방법으로 엄마의 목소리를 경험하게 하기 위해 그 중 하나로 책 읽기를 권하는 것입니다.

서상훈 박사님의 〈하루 15분 그림책 읽어주기의 힘〉에 보면 아기가 태어났을 때 당장 어떤 책을 고르고 어떻게 읽어주는 게 좋은지 실전 팁들이 자세하게 수록되어 있습니다. 참고가 될 것 같아서 알려드립니다.

언제까지 읽어주어야 할까?

아이에게 책을 전혀 읽어주지 않는 것과 맞먹을 정도로 큰 실수는, 너무 일찍 읽어주기를 그만두는 것이다.
-짐 트렐리즈

결론부터 말해야겠네요. 읽어달라고 할 때까지 읽어주면 된다고 합니다. 책이 좋아지고 스스로 책 읽는 재미를 느끼기 시작하면 부모가 읽어주려고 해도 아이들은 스스로 읽겠다고 말할 겁니다. 부모가 읽어줄 때도 좋았지만 이제는 스스로 읽는 재미를 맛보았기 때문입니다.

한 번 생각해 보자고요. 어릴 때부터 부모가 책이라는 대상을 아이에게 만나게 해 주었습니다. 책이 재미있는 놀잇감도 되었다가 엄마의 사랑을 온전히 느끼는 매개체도 됩니다. 재미있는 시간도 되었다가 행복한 시간이 되기도 합니다. 아이에게 책은 재미, 즐거움, 행복, 이런 단어와 줄긋기가 되어 있는 것이지요.

이런 재미있는 일을 반복하다보면 어느 날 스스로도 책을 읽을 수 있는 날이 옵니다. 엄마랑 함께 하던 재미있는 일을 스스로도 할 수 있게 된다는 겁니다. 어느 순간 책 읽는 일이 가장 좋아하는 일이 됩니다. 가장 좋아하는 사람과 만나는 시간이 되기도 합니다. 책읽기가 가장 좋아하는 일이 되면 누구에게 침범당하고 싶지 않을 겁니다. 누구랑 함께 만나고 싶지도 않을 겁니다.

책을 제대로 읽는다는 것은 책을 읽으면서 책의 내용과 관련하여 끊임없이 생각이 일어나고 묻고 답하기를 한다는 겁니다. 한마디로 나 자신과 책이 은밀히 소통하는 시간입니다. 그 소통의 시간은 갈수록 달콤합니다. 이런 은밀한 재미를 누구에게 빼앗기고 싶겠느냐고요. 읽기 독립이 자연스럽게 된다는 말입니다.

책 읽기의 독립선언, 스스로 읽어도 재미있을 때

이런 시기가 오면 아이는 책을 읽을 때 부모가 더 이상 필요하지 않습니다. 책 읽기 독립선언을 할 시기가 된 것이지요. 그렇다면 이 시기는 언제쯤 될까요? 앞에서도 언급했지만, 아이가 스스로 책을 읽어도 충분히 책에 재미를 느낄 때는 아이마다 다릅니다.

스스로 책을 읽고도 책의 내용을 어느 정도 이해할 수 있는 수준을 넘어서야 진정한 책읽기 독립이 이루어집니다. 읽기능력이 듣기능력을 따라잡을 때 가능한 일입니다. 그래서 부모는 책을 읽을 줄 안다는 것과 책을 이해한다는 것은 분명히 다르다는 것을 명심하고 있어야 합니다. 내 아이가 글을 읽을 줄 안다고 해서 혼자서 책을 읽으라고 한다는 건 차라리 어릴 때부터 책을 읽어주지 않은 것이나 마찬가지라는 말입니다.

독립선언 시기는 아이마다 다르지만, 대개 중학교 2학년 시기 정도 되어야 가능합니다. 아무리 빨리 끊어도 초등학교 6학년까지 부모가 책을 읽어주는 일을 하는 게 좋습니다. 너무 빨리 독립시킬 생각은 안 해도 되겠습니다. 아이가 어릴 때부터 책을 읽어주는 일을 했다면 좀 더 빠른 독립이 가능하겠지만, 그렇지 않다면 더 긴 시간을 읽어주어야 할 겁니다. 중요한 것은 아이가 스스로 책에 재미를 느끼면 충분히 책의 내용이 이해가 된다는 것이고, 이쯤 되면 아이가 먼저 독립선언을 할 테니까 이후에는 신경 쓰지 않아도 된다는 말입니다. 물론 아이가 책 읽기 독립선언을 해도 책의 내용에 대하여 함께 이야기해 보는 일은 계속 되면 좋습니다. 엄마와 아이의 정서적 교감은 계속되어야 하니까요.

아이의 책읽기 독립은 엄마의 책 읽어주기 독립이라고도 할 수 있습니다. 사랑하는 내 자식 책 열심히 읽어주고 사랑해 주어서

험난한 세상에 내보내는 일이니까요. 엄마가 책 읽어주어서 쌓인 내공으로 아이는 세상을 헤쳐 나갈 비장의 무기를 전수받은 거잖아요. 속으로 '만세 삼창'을 불러도 되겠네요.

앞으로 아이는 책이라는 무기를 가지고 자신을 챙기며 나아가면 됩니다. 이보다 더 든든한 비밀병기가 또 어디 있겠어요. 책읽기 독립선언은 아이에게나 부모에게나 삶의 중요한 고지를 함께 손잡고 올라선 일이기도 합니다.

내 아이 독서습관 노하우

왜 독서습관이 중요한지도 알아보았고, 독서습관을 들이기 위해서는 읽어주면 된다는 것도 알았습니다. 언제까지 읽어주면 책읽기 독립을 할 수 있는지도 알아보았습니다. 이때쯤이면 이런 의문이 생깁니다.

"그래서 어떻게 하라고?"

여기서는 구체적인 방법에 대한 답을 해보려고 합니다.

책이랑 놀기

앞서 아이가 태어나면 말을 걸어주는 것과 함께 책을 읽어주는 것이 좋다고 하였습니다. 이때의 책은 스토리보다는 그림 위주의 책일 텐데요. 어떤 것이든 간에 아기는 엄마의 음성을 듣고 웃기도 하고 옹알이 같은 소리를 낼 겁니다. 엄마는 아이의 소리의 의미를 모르더라도 호응해 줍니다. 이것이 엄마랑 아이가 하는 말놀이입니다. 이런 말놀이를 끊임없이 해 주면 아이가 좋아하지요. 두뇌가 발달하고 아이와 정서적 교감도 생깁니다.

조금 더 지나면 아이가 책을 만지고 가지고 놀다가 입으로 가지고 갈 거예요. 입에 넣고 빨아도 되는 책을 주면 됩니다. 이때도 마찬가지로 책과 함께 노는 놀이입니다.

조금 더 자라서 신체활동이 활발해지고 놀이를 즐길 나이가 되면 아이랑 본격적인 책 놀이를 하면 좋습니다. 책을 쌓아서 방을 만들기도 하고 그 방에 들어가서 누워 보기도 하고. 아이들은 이런 비밀 공간을 좋아하잖아요.

책으로 길을 만들고 그 위에 자동차가 지나가게도 하고, 책을 펼쳐서 사람 수가 많이 나오면 이기는 놀이를 해도 좋습니다. 그러다가 심심해지면 또 엄마가 책을 읽어주기도 하고요. 책이 장난감이 되고 장난감이 책이 되어 놀면서 자연스럽게 책이랑 더 친해지게 하면 됩니다.

조금 더 자라서 책의 내용을 이해할 나이가 되면 책으로 연결되는 놀이를 하면 좋겠어요. 책에서 접한 내용을 직접 경험하는 거지요. 책에서 본 동물을 그려보기도 하고 울음소리를 내어 보기도 하고, 역할을 나누어 동물 숨바꼭질을 해도 되고, 그러다가 시간이 되면 동물원에 가서 직접 동물을 보며 이야기를 나눠 보기도 하고요.

책을 매개로 하여 할 수 있는 활동은 무궁무진하다고 생각합니다. 아이랑 함께 하고 싶은 것을 정해서 해도 됩니다. 아이의 생각이 더 기발할 거예요. 아이가 얼마나 좋아할까요. 이렇게 놀이로 연결하다보면 책을 읽는 경험이 더 재미있는 활동이 될 겁니다. 재미있으니까 더 자주 더 많이 하자고 하겠지요. 와, 저도 다시 엄마가 되어보고 싶네요. 너무 재미있을 것 같아서요.

매일 꾸준히 읽기

아무리 재미있는 경험과 연결해서 책을 읽어준다고 해도 매일 이렇게 하기는 힘들 겁니다. 엄마도 할 일이 많으니까요. 시간도 에너지도 역부족이 되어 버리면 안 되잖아요.

매일 꾸준히 정해진 시간에 읽어주면 좋을 것입니다. 앞에서 책읽기도 습득되는 기술이라고 한 바 있습니다. 매일 꾸준히 하면 어느 날 습관이 들어서 스스로도 할 수 있는 일이 되는 거죠. 자전거 배우듯이, 피아노 기능을 익히듯이. 행복한 경험과 연결되어 매일 연습된다면 더 야무지게 습관으로 굳어지겠지요. 행복한 일은 더 자주 하고 싶은 게 뇌의 본성입니다.

하루 중 낮 동안은 엄마가 수시로 책을 읽어주고 놀아주고, 밤에 잠들기 전 책을 읽어주면 좋다고 합니다. 이것을 베갯머리 독서라고 하는데, 잠들기 전 엄마가 책을 읽어주면 정서적으로도 안정되고, 읽고 이야기 나눈 것들이 아이의 장기기억에 저장된다고 합니다. 베갯머리 독서가 쌓일수록 아이의 뇌에 다양한 어휘들이 쌓이게 되는 겁니다.

아이가 놀이를 좋아하니까 먼저 신나게 놀고 나서 흥분된 상태에서 책을 읽어주면 집중력이 조금 떨어질 수도 있습니다. 이럴 경우 순서를 바꾸어 보면 어떨까요? 책을 먼저 읽어주고 나서 신나게 놀면 되지요. 책이랑 연결되는 놀이를 해도 좋습니다.

엄마가 재미있어야 더 효과 있다

이 말은 아이를 위해 읽어준 동화책이 엄마를 바꿀 수 있다는 의미입니다. 동화책은 아이에게만 좋은 책이 아닙니다. 어른들이 읽어도 충분히 좋은 책이지요. 아이들 시각으로 동화책을 한 번 들여다보세요, 순수한 마음이 그대로 전해져 올 겁니다. 뿐만 아니라 감동도 교훈도 깨달음도 다 있는 게 동화이지요.

매일 숙제하듯이 읽어주지 말고 아이의 마음으로 동화에 빠져서 동화를 읽어주어야 합니다. 그래야 아이에게 바른 책읽기 습관이 생기고, 엄마에게도 즐거운 경험이 됩니다. 의무감으로 마지못해 읽어주는 책읽기는 어떠한 효과도 낳지 못합니다. 엄마가 진심으로 책을 읽어주면 자주 아이의 순수함과 만날 겁니다. 어린 시절로 돌아간 듯 마음이 따뜻해지는 정신적 휴식을 느낄 겁니다. 이것이 힐링이지요.

이렇게 되면 엄마의 재미와 흥미, 호기심이 아이에게 그대로 전달될 겁니다. 엄마가 이렇게 흥미를 가지고 읽어주는데 아이는 얼마나 더 신나게 동화책에 빠져들게 될까요. 아이를 위해 읽어주기 시작한 동화책이 엄마를 서서히 변하게 할 것입니다. 동화책을 통하여 엄마가 성장하는 계기가 된 것입니다. 동화책을 통하여 아이의 마음을 이해하고 육아를 하니까 더 질 높은 육아를 할 수 있겠네요. 동화책을 읽어주며 아이를 키우는 것은 결국 아이도 엄마도 성장시키는 길입니다.

책 읽기, 아빠 효과도 있다

아빠가 육아에 참여한 아이들이 사회성과 지능지수가 높다는 연구 결과는 발에 걸릴 만큼 많습니다. 안정된 애착이 정서발달을 도와 공부까지 더 잘 할 수 있는 바탕이 됩니다.

미국 캘리포니아 주의 모데스토 시에서 수행한 연구 결과에 따르면, 아버지가 책을 읽어준 남자 아이들의 읽기 성적이 현저하게 높았다고 합니다. 그럼에도 불구하고 책을 읽어주지 않는 '벙어리 아버지' 증후군은 교육 수준과는 상관없이 모든 가정에서 나타난다고 합니다. 빈곤층 가정이든 교육수준이 높은 가정이든 아이에게 책을 읽어주는 시간의 15%만이 아빠가 담당을 한다고 합니다. 나머지 76%를 엄마가 담당을 한다는 말이지요.

아이와 만날 시간이 부족하다면 토요일, 일요일 두 번은 최소한 읽어줄 수 있지 않을까요. 이 시간은 놓치지 않고 꼭 챙겨서 읽어주면 좋겠습니다. 책 읽기주기는 기교가 필요하지 않습니다. 엄마만큼 잘 읽어주어야 한다는 생각을 안 해도 됩니다. 책을 읽어주는 아빠와 함께 하는 시간이 아이에겐 소중한 경험이지요. 아빠의 음성이 제일 좋은 기교입니다.

아빠가 책을 읽어주면 성적이 좋아진다는 말은 뇌 과학에 의거한 것입니다. 아빠가 책 읽어주는 방식과 엄마의 방식은 다르기 때문입니다.

"정말 슬펐겠다. 진짜 안됐다!"

엄마가 정서를 공감해주는 책 읽기를 한다면, 아빠는 사실을 알려주는 책 읽기를 주로 합니다.

"이건 말이야. 공룡이라는 건데, 공룡박물관 가면 더 자세히 볼 수 있어. 다음에 아빠랑 한번 가 볼래?"

관련 지식을 들려주고 행동으로 연결하는 책 읽기를 합니다.

엄마와 아빠가 함께 책읽기를 한다는 건 뇌구조로 보면 좌뇌(감정)와 우뇌(지식)가 통합되는 책 읽기가 되는 셈이지요. 당연히 아이가 더 똑똑해질 수 있습니다. 우리 아이를 똑똑하게 키우고 싶다면 아빠도 아이에게 책을 읽어주는 시간이 꼭 있어야 한다는 말입니다.

어릴 때부터 아빠가 책을 읽어주고 이야기를 나눈 그 경험이 소통의 통로가 되어, 커서도 아빠와 잘 지내는 사이가 되지 않을까요. 아이에게 책을 읽어줄 기회, 그렇게 많지 않습니다. 한 번 가 버리면 돌이킬 수 없는 시간입니다. 아이와 친해질 수 있는 기회, 아이를 똑똑하게 키울 수 있는 기회를 아빠도 꼭 잡아야 합니다. 책 읽어주는 일, 엄마와 아빠가 함께해야 하는 일입니다.

가족이 독서를 공감대로 하여 함께 즐길 수 있는 활동을 소개하겠습니다.

가족과 함께 도서관 나들이

한 달에 한 번 가족끼리 도서관이나 서점에 가는 것은 어떨까요? 가족 행사처럼 정기적으로 실천해 보는 게 좋겠네요. 언제 도서관 나들이를 갈 것인지, 서점에 갈 것인지 함께 정하는 것도 행복하겠네요. 가기 전에 어떤 책을 고르고 싶은지 미리 이야기를 나눠 보면 도서관, 서점에 가는 날이 손꼽아 기다려질 겁니다.

오가는 길에 맛있는 것을 사서 먹기도 하고, 좋은 곳이 있으면 구경도 하면 좋습니다. 도서관이나 서점에 가는 길이 행복하다면 아이는 자꾸 가자고 조르겠지요. 뇌에 행복한 기억으로 저장된 경험이니까요.

저도 다시 아이를 키운다면 도서관이나 서점이 있는 동네에 살고 싶습니다. 자연스럽게 자주 들를 수 있으니까요. 책을 좋아하는 아이로 키우는 것은 결국은 부모를 위해서이기도 합니다. 내 아이가 현명한 아이로 잘 자라는 걸 보면 누구보다 부모가 기쁠 테니까요. 가족과 한 달에 한 번 도서관, 서점 나들이 가는 것, 이 정도의 수고로 많은 것을 얻을 수 있다면 꼭 실천해 볼 일이지 않을까요.

가족 독서시간

일주일에 한 번이라도 가족이 함께 독서하는 시간을 가지는 것도 좋겠네요. 매주 한 번씩 30분이라도 가족끼리 둘러 앉아 책을 읽는 가족독서시간을 갖는 건 어떨까요? 읽고 난 후 자기가 읽은 책에 대한 간단한 이야기를 나누면 더 좋고요. 가족끼리 책을 읽고 함께 이야기를 나누는 것이야말로 우리가 꿈꾸는 가정의 모습일지도 모릅니다. 이런 가정에서 아이들이 어떻게 자랄지는 충분히 예상할 수 있습니다.

가족끼리 책을 읽을 시간이 없다는 생각이 든다면, 함께 TV 보는 시간을 생각해 보세요. 주말에 함께 TV 보는 시간에서 30분만 할애해도 됩니다.

초보 엄마들의
"독서가 궁금해요"

> 문명의 이기는 그것을 남용하지 않을 때에만 도움이 된다.
> −짐 트렐리즈

여기서는 우리가 아이의 독서습관을 기르기 위하여 하고 있는 것들이 실제로 도움이 되고 있는지를 알아보고자 합니다. 사람들마다 다양한 견해가 있을 수 있지만, 그동안의 직·간접 경험을 참고하여 초보 엄마들에게 도움이 될 만한 내용을 정리해 보았습니다.

전집 vs 단행본

아기를 임신하면 벌써 전집부터 사는 부모들이 많습니다. 아이가 책을 읽을 나이가 될 때까지 책장에 예쁘게 꽂아둡니다. 부모만 뿌듯합니다. '이만큼 많이 읽힌다'는 자랑용, 전시용입니다.

전집을 사서 읽히는 것은 뇌가 싫어하는 일입니다. 뇌는 처음 본 것, 새로운 것에 흥미와 관심을 보입니다. 처음에 반짝 새롭다가 갈수록 관심이 멀어집니다. 전집은 늘 같은 자리에 있기 때문에 아이에게는 관심이 있는 물건이 아닙니다. 관심도 흥미도 없는데 그 책을 보려고 하지는 않겠지요.

전집을 사 두었다면 아이가 잘 보는 곳보다는 안 보이는 곳에 두는 것이 좋습니다. 아이가 그 전집을 읽을 나이쯤 되면 한 권씩 꺼내어 아이에게 권해 주면 됩니다.

아이는 자라면서 자신의 욕구가 생기면 읽고 싶은 분야나 책 종류를 선택할 수 있습니다. 그때 아이가 직접 고를 수 있게 해 주세요. 책을 고르고 선택하는 것은 독서습관의 형성에 많은 영향을 미칩니다.

만화책만 좋아하는 아이, 언젠가 동화책을 읽게 될까?

32개국 20만 명의 어린이들을 평가한 IEA(국제에너지기구) 조사에서 핀란드 어린이의 읽기 성적이 가장 높았다고 합니다. 그런데 핀란드의 열 살짜리 아이들이 가장 많이 읽는 책이 만화라고 하네요. 만화책을 처음부터 읽게 하는 것은 권하지 않습니다. 만화는 이미지 위주로 되어 있어서 뇌에서 생각하는 시간이 많지 않습니다. 그냥 훅 훑고 넘어가면 되기 때문에 전두엽을 사용하지 않아도 된다는 말입니다.

만화책은 혼자 읽기의 출발점으로는 괜찮다고 합니다. 소아청소년과 전문의이자 소아신경과 전문의인 김영훈 박사님은 '징검다리 독서'라는 말을 한 바 있는데요. 만화만 좋아하는 남학생에게 만화를 일단 읽게 한 후 만화에서 얻은 지식과 관계있는 책을 읽으라고 하니까 서서히 책을 읽게 되었다고 합니다.

어른이 되어 훌륭한 독서가가 된 수많은 사람이 어린 시절에는 만화광인 사람들이 많습니다. 만화든 뭐든 일단 책을 읽는다는 것은 다행한 일입니다. "만화책은 절대 안 돼!"는 아니라는 겁니다. 우리가 가장 걱정해야 하는 것은 어떤 것도 읽지 않으려는 아이들입니다. 이것 또한 부모가 어릴 때 어떤 것도 읽어주지 않아서는 아닌지 반성해 볼 일입니다.

스마트폰, TV는 독서습관의 적?

남자 아이들의 경우 독서습관을 들이기가 더 어렵습니다. 어릴 때에는 가만히 앉아서 책을 읽는 것보다 놀기를 더 좋아합니다. 당연히 더 많이 놀아주는 것이 아이들의 발달에 더 좋습니다.

조금 더 자라 언어가 발달하는 시기가 되면 독서습관을 기르기 좋은 나이가 됩니다. 초등학교에 들어갈 즈음이지요. 그때 자극이 강한 스마트폰이나 TV에 먼저 노출됩니다. 부모님이 함께 놀아주지 않아도 아이들을 편하게 놀게 하는 데는 스마트폰만한 게 없잖아요. 겨우 자기 몸 가누는 아기들조차도 스마트폰 화면에 시선을 고정하여 화면에 빠져있는 모습을 흔히 볼 수 있습니다.

자극적이고 재미있는 스마트폰이나 TV 만화영화 같은 영상에 노출되면 부모님이 아무리 재미있게 책을 읽어주어도 스마트폰 게임이나 만화영화보다는 더 재미없을 겁니다. 그렇게 책 읽는 습관을 기르는 시기를 놓쳐 버리고 맙니다. 뇌 전문가들은 아이가 태어나서 5세까지는 TV를 보여주지 말라고 말합니다. 스마트폰은 더 늦은 시기까지 사 주지 않는 게 좋습니다. 너무 어렸을 때부터 디지털 기기에 노출되면 엄마와 안정된 정서적 관계를 형성하기 못해서 마치 자폐증과 유사한 '유사자폐증후군'이 나타나기도 한답니다. 요즘 부모들이 가장 심각하게 고민하는 내용입니다.

가족들이 함께 놀이나 독서를 많이 하고 대화를 많이 하는 가정을 보면 초등학교 때 아예 스마트폰을 사 주지 않거나 TV가 없는 가정이 많았습니다. 부득이하게 스마트폰을 사 주어야 하거나 TV가 있을 경우 사용하는 시간을 철저하게 통제하는 가정이 많았습니다.

미국 시애틀 아동병원 연구팀이 2,500명의 어린이들을 추적 조사한 결과, 네 살 이전 아이의 하루 TV 시청 시간이 한 시간씩 늘 때마다 아이가 일곱 살이 되었을 때 주의력결핍과잉행동장애(ADHD)에 걸릴 위험성이 10퍼센트씩 증가하는 것을 발견했습니다. 미국 소아과협회(AAP)는 아예 한 주에 10시간 이하로 TV를 시청할 것과 세 살 미만의 유아에게는 아예 보여주지 말라고 권고합니다.

TV 시청 시간을 제한하는 일이 꼭 필요합니다. 제한하고 약속이 잘 지켜질 경우 TV를 보게 하는 게 오히려 공부에 도움이 된다는 연구 결과도 있습니다. 하지만 스마트폰은 이른 나이에 아이의 손에 쥐어주면 절대 안 된다고 경고합니다. 혹시 쥐어주었다면 지금 당장 치워야 합니다. 부모가 먼저 모범을 보여주며 함께 스마트폰 사용을 자제하거나 TV 보는 시간을 제한하고 잘 지켜 나간다면 가능하지 않을까요.

부모가 집에서 시간만 나면 스마트폰이나 TV와 살면서, 아이들에게는 스마트폰을 하지 말라고 하거나 TV를 그만 보고 책을 읽으라는 말은 효과가 없지요. 부모의 모습이 아이들의 삶의 교과서입니다.

세이팬, 북패드 사용 괜찮을까?

세이팬은 말을 녹음하여 들려주는 것입니다. 엄마가 바쁠 경우 엄마가 동화책 읽는 소리를 녹음하여 들려주는 것도 좋다고 합니다. 하지만 엄마가 아이 곁에서 책을 읽어주는 기회는 전혀 없이 세이팬에만 의존하는 것은 바람직하지 않습니다. 세이팬으로 부모의 목소리는 들을 수 있지만 직접 몸을 부비는 정서적 교감은 없으니 말입니다. 동화책을 읽어주며 부모와 나누는 정서적 교감이 어쩌면 더 중요한 일이니까요.

북패드(아이패드)는 조심해야 한다고 합니다. 어릴 때부터 북패드로만 책을 읽는 습관이 생기면 모든 종이를 패드로 인식한다고 합니다. 손가락으로 작동하면 되는 것을 책으로 인식합니다. 책에서 나는 책 냄새, 책의 촉감 같은 것은 기억되지 않습니다. 패드로 내용을 습득하는 것보다 종이책으로 읽는 것이 뇌의 발달상 더 좋은데요. 더 많은 감각이 동원되었을 때 뇌가 더 잘 기억하기 때문입니다.

종이에 쓰여 있는 글자를 읽으며 얻게 되는 정서적인 안정감이 있습니다. 종이책으로 읽으면 자기가 멈추고 싶을 때는 멈추고, 빨리 읽고 싶으면 빨리 읽습니다. 자기 주도적으로 책을 읽어나갈 수 있습니다.

아이가 종이책을 읽는 습관을 먼저 들였다면 아주 가끔씩 북패드로 읽는 것도 나쁘진 않을 겁니다. 하지만 너무 어린 나이에 처음부터 북패드로만 책을 읽기 시작하는 것은 바람직하지 않으니 주의해야 합니다.

비디오로 동화책을 대신할 수 있을까?

'한 권 동화책, 열 비디오 안 부럽다'는 말을 들어본 적이 있습니다. 어릴 때부터 아이들에게 유튜브나 비디오로 동화를 보여주는 부모들이 많습니다. 아이가 재미있어 하니까 그렇기도 하지요. 부모가 바쁠 때 아이에게 동화 비디오를 보여주면 아이가 잘 보기 때문에 그렇게 하는 경우가 허다합니다. 이것은 아이들에게 '책읽기의 참 맛' 을 느낄 수 없게 합니다.

비디오는 빠르게 이미지가 지나갑니다. 반면 책은 자세히 이미지를 볼 수 있고 그림에 없는 장면을 상상할 수도 있습니다. 더 중요한 것은 아이들이 책을 읽으면서 질문할 때 이미지와 관계되는 질문들을 주로 한다고 합니다. 시각적 인식이 문자의 인식에 앞서기 때문이랍니다. 결론은 비디오 동화를 본 아이들은 빠른 장면 전환과 이미지 전개에 익숙해져서 그림책을 보여주어도 자세히 보지 않는다고 합니다. 아이에게 비디오 동화보다 책으로 된 동화를 보여주어야 하는 이유입니다.

책만 읽는 아이, 괜찮을까?

아이가 책을 읽고 있다고 해서 무조건 안심할 일은 아닙니다. 친구관계가 불편해서 차라리 책과 친한 아이들도 간혹 있거든요. 친구랑 놀 때 갈등도 일어나고 조율도 해야 하고 배려도 해야 하니까요. 이런 점에 비해 책은 일방적으로 그냥 읽으면 되니까요. 부대낄 필요가 없다는 말이지요. 가정에서 아이와 놀이를 하며 독서 이외에 재미있는 일도 많다는 것을 알려주시면 좋습니다. 몸을 부대끼는 활동적인 놀이를 통해 아이가 다양한 관심사를 갖고 에너지를 발산하게 하는 게 필요합니다.

독서만 챙겨도
훌륭한 부모다

사실 책을 읽는 습관은 돈으로 환산할 수 없는 어마어마한 투자입니다. 갈수록 가속도가 붙는 돈 버는 일입니다. 돈으로 비교를 해서 좀 그렇기는 하지만, 독서습관을 백만 불짜리 유산상속보다 훨씬 더 가치 있는 상속이라고 자신 있게 말할 수 있습니다.

우리가 보기에 기적 같은 삶을 사는 사람들이 엄청난 독서광이라는 사실은 이미 더 이상 강조할 필요가 없습니다. 세상에 독서를 통하여 훌륭하게 된 사람의 예는 발에 부딪힐 정도로 많습니다.

그렇다면 왜 사람들은 책을 읽지 않는 걸까요?

아이의 독서습관을 키우는 데 소홀한 걸까요?

막상 눈에 보이는 피해가 아니기 때문입니다. 나 자신, 내 자녀가 입는 피해가 눈에는 보이지 않는 겁니다. 독서습관을 형성하지 못한 일이 이미 다른 사람보다 불리한 상황에 놓이게 하는 것인데도, 경쟁에서 밀리는 조건임에도 불구하고 그 피해가 피부로 느껴지지 않으니 외면하는 겁니다. 많은 부모들이 자녀에게 자신이 입은 피해를 고스란히 물려줍니다.

아이에게 무엇을 물려주어야 할지를 단 한 가지만 생각한다면, 저

7~10세까지 독서습관이 평생 간다

는 주저 없이 독서습관을 꼽겠습니다. 독서습관만 제대로 들게 해주어도 충분합니다. 자녀가 독서습관을 확고하게 갖게 된 후에는 손을 떼도 됩니다. 그 다음부터는 아이 스스로 책에서 배우고 익히며 길을 찾아 나아갈 것입니다. 그러기 전에는 독서습관을 들여주어야 합니다. 부모가 꼭 해야 할 의무입니다.

독서습관을 키우는 데에는 그렇게 긴 시간이 필요하지는 않습니다. 아기가 태어났을 때부터 자연스럽게 책과 접하게 해 줍니다. 어릴 때부터 놀이하듯이 책을 경험시키며 읽어주다가 초등 저학년부터는 바짝 마음 써서 챙기면 됩니다.

적기 독서라는 것이 있습니다. 쉽게 말하면, 너무 일찍 책 읽기를 위한 독서를 안 해도 된다는 말입니다. 여섯 살 정도부터는 좌뇌가 급속도록 발달하기 시작하므로, 이때부터 서서히 책 읽기를 시작하는 게 뇌의 발달과 비슷하게 맞아서 더 효과적입니다. 그 전까지는 독서보다는 더 많이 놀아주고, 경험하게 하는 것이 좋다는 겁니다.

핀란드는 만 6세 이전, 학교에 입학하기 전까지 글자를 절대 안 가르친다고 합니다. 대신 열심히 놀아주고 경험시키고 감각으로 익힐 수 있는 놀이를 많이 합니다. 핀란드 아이들이 학교에 들어가서도 세계적으로 우수한 아이들이 되는 것도 이러한 뇌에 맞는 적기교육 덕분이라고 합니다.

6살 이전에 책은 그냥 놀이고 놀잇감입니다. 놀잇감으로 항상 책과 놀아본 아이들은 책을 읽는 것도 자연스럽게 됩니다. 글로서 읽는 책을 너무 일찍 강요하면 안 됩니다. 무엇이든 너무 과하면 문제가 발생하니까요.

7세부터 초등 1~2학년까지의 기간만 노력해도 독서 습관을 충분히 키울 수 있습니다. 놀이를 관장하는 우뇌는 7세까지 발달하다가 그 이후로 퇴보합니다. 7~9세까지는 우뇌, 특히 언어 영역이 폭발적으로 발달하는 시기입니다. 이 때 책을 많이 읽어주고 대화도 많이 나누면 좋습니다. 그렇다고 놀이를 그만두라는 말은 절대 아닙니다. 이 책에서 놀이를 먼저 이야기한 것은 뇌 발달과 관계가 있습니다. 놀이로 많은 경험을 쌓은 아이들은 독서도 훨씬 더 잘 해냅니다.

언제 경험시키는가가 아니라 어떻게 경험시키는가가 중요합니다. 독서를 너무 이른 나이에 시작하거나 독서만이 최선이라는 생각은 위험합니다. 자신의 아이에 맞는 방법을 찾아 시도하면 됩니다. 독서습관 형성에 정도는 없습니다. 어떻게든 몸에 배여서 좋은 습관으로 자리 잡게 해주는 것이 중요합니다.

독서습관을 잘 형성해 주면 이후에는 아이의 달라지는 모습을 지켜보면 됩니다. 칭찬하고 격려하고 응원하면 됩니다. 아이의 달라지는 모습에 놀랄 준비를 하고 기다리시면 됩니다.

책 읽는 부모가
최고의 모델이다

"책 읽어주는 부모가 책 읽는 아이를 만든다."

백 번 공감합니다. 너무나 맞는 말입니다. 하지만 책을 좋아하는 부모의 경우 희망적인 말이겠지만, 책을 좋아하지 않는 부모들은 절망적인 말일 수도 있다고 생각했습니다. 저도 독서를 거의 하지 않는 사람이었으니까요. 제가 독서하는 것을 좋아한지는 그렇게 오래 되지 않았습니다. 10년, 15년 정도 되었을까요? 제가 독서를 좋아하는 사람이 되어 살아보니 딸아이가 어릴 때 독서습관을 길러주지 못한 부분이 한이 되었습니다.

'내가 책 읽는 모습을 보여주면 언젠가는 내 딸도 책을 읽게 되겠지.' 하는 일말의 희망의 끈을 항상 놓지 않고, 이제라도 열심히 책을 읽는 모습을 보여주려 노력하고 있습니다.

저는 매일 어떤 책을 읽고 책을 통하여 어떻게 변해 가는지 블로그에 올려둡니다. 한 달에 한 번씩 독서토론을 하는 모임 두 곳을 참여하는 이야기도 적어둡니다. 그러면 제 딸이 모두 그 내용을 봅니다. 그러던 어느 날 딸이 자기가 읽을 책이라며 한국에서 사달라고 책 제목을 이야기해주었습니다. 아기를 키울 때 필요한 정보를 담은 책이긴 하지만, 어떤 책이면 어떻습니까. 딸이 제게 책을 사달라는 말을 하다니 꿈인가 생시인가 싶어 얼른 구입했습니다. 그 책을 받은 딸은 틈틈이 읽고 있다고 합니다.

딸아이가 책을 사 달라는 부탁을 하는 걸 들으면서 갑자기 욕심이 생겼습니다. 어릴 때 책을 읽어주지 않은 엄마이지만, 지금이라도 딸에게 책을 읽어주면 되지 않을까 라는 실낱같은 희망을 마음에 품었습니다.

딸이 아기를 낳은 후 손주를 만나기 위해 미국으로 간 날, 짐을 풀면서 딸에게 조심스럽게 제 생각을 말했습니다.

"엄마가 이 책을 네게 읽어주고 싶어서 가지고 왔어."

"좋아요."

딸은 의외로 쿨한 반응을 보입니다. 그래도 용기가 필요했습니다.

'언제 책을 읽어주지?

하루 종일 신경이 쓰였습니다. 하루가 마무리 되어갈 저녁 무렵, 저는 책을 가지고 거실에 나왔습니다.

"딸아 지금 책 읽어주어도 돼?"

"응, 읽어주세요."

이렇게 저는 딸이 태어나서 처음으로 엄마로서 책을 읽어주기 시작했습니다. 가슴이 벅찼습니다. 설레는 마음을 말로 표현할 수가 없었습니다. 마음의 한이 되었던 일을 한 발짝이라도 떼어 놓았다는 생각이 들었습니다.

이렇게 한 발짝씩 딸에게 독서습관을 들여 주기 위한 엄마의 역할을 하려 합니다. 많이 늦었지만 포기하지 않은 게 다행입니다. 앞으로도 포기하지 않고 딸에게 독서습관을 들이기 위하여 노력할 생각입니다. 한국으로 돌아오기 전까지 짬짬이 책을 읽어주고 이야기를 나누었습니다. 아마 딸은 엄마가 책을 읽어준다는 것이 어떤 행복한 느낌인지를 조금이라도 맛보지 않았을까 싶습니다.

다음에 미국에 올 때도 딸에게 읽어 줄 책이 제 짐 속에 포함될 것입니다. 미국에 자주 올수록 딸에게 읽어줄 책이 늘어나겠지요. 늦게 시작했지만 중요한 일이기에 꼭 실천하며 살아가려고 합니다. 어느 순간 열심히 책을 읽으며 살아가고 성장하고 있는 딸을 발견하면 그만두려고요. 그때도 딸이 읽어달라고 하면 물론 너무 고맙지요.

이런 생각이 들었습니다. 제가 늘 책을 읽고 책과 살아가는 모습을 우리 딸이 보지 못했다면 어땠을까요. 저의 때늦은, 뜬금없는 엄마노릇을 딸이 받아주기나 했을까요. 평소에 독서하는 엄마를 늘 보아왔기에, 책을 읽어주도록 마음을 쉽게 허락해 준 것은 아닐까요.

부모가 독서습관의 최고의 모델링이라는 생각이 더 강하게 듭니다. 전 앞으로도 책을 더 사랑하며 책과 함께 성장하는 삶을 살아갈 것입니다. 물론 저의 이런 모습을 딸이 평생 지켜보겠지요.

이 일을 계기로 제 딸도 책과 조금이라도 좋아졌으면 좋겠습니다. 언젠가는 제 딸도 독서하는 습관이 들었으면 좋겠습니다. 책 읽는 것을 좋아하고 평생 독서하면서 책과 함께 성장하는 삶을 살았으면 좋겠습니다. 제가 먼저 평생 독서하면서 책과 함께 성장하며 행복하게 나이 들어갈 겁니다. 제 딸아이가 제게 바라는 모습 그대로 말입니다.

딸에게 쓰는 편지

딸아,
우리 딸은 아이에게 가장 좋은 도서관, 엄마도서관 역할 잘하길 바라.
아이가 말문이 트이기 시작하면 마구마구 질문을 쏟아낼 거야.
"엄마 이게 뭐야? 엄마 이게 뭐야?"

하루에도 몇 백 번 이렇게 질문을 할 거야. 아직 아이가 어릴 때에는 어느 정도 자랄 때까지 엄마가 도서관 역할을 충실히 해야 해. 그동안 네가 삶에서 깨달은 것을 차근차근 잘 전수해 주길 바라. 잘 소통하면서 키우면 저절로 전수될 거야.

그러다가 네 지혜와 지식이 아이의 성장 속도를 못 따라잡는다는 느낌이 들면 얼른 책 속에서 지혜와 지식을 구하도록 해. 빠르고 효과적으로 지혜를 구하는 방법으로 책만 한 게 없단다. 꾸준한 독서를 통해 넌 더 강력한 도서관으로 재탄생할 거야. 아이가 자신의 경험에서 배우고, 책에서도 배우고, 엄마도서관에서도 배운다고 생각해 봐. 참 뿌듯한 일이야. 우리 손주가 참 잘 자랄 거야. 아주 막강한 아이가 될 거야.

아이는 무한한 가능성을 품고 있어. 어떤 일을 하면서 어떻게 멋진 미래를 펼칠지 아무도 모른단다. 그 엄청난 가능성에 점화를 해 주는 일이 책이야. 점화만 해 주면 갈수록 엄청난 불꽃으로 타오를 거야.

엄마로서 아이가 가진 가능성, 꿈을 한껏 펼치며 삶을 살 수 있게 조건을 만들어주렴. 그게 독서습관이야. 사랑하는 내 아이를 확실하고 적극적으로 돕는 일이지. 그 어떤 환경, 조건보다도 앞서서 반드시 해 주어야 할 중요한 일이야. 독서습관의 엄청난 효과는 아이가 자라면서 평생 증명해줄거야.

우리 서로 엄마도서관의 자료를 업데이트하면서 살자. 자료도 공유하자. 너의 엄마도서관에 어떤 자료들이 소장될지 무척 기대된다. 엄마도 너의 엄마도서관으로서 끝까지 역할을 잘 해낼게. 우리 딸이 평생 자주 애용할 수 있는 엄마도서관으로서 말이야.

PART 5

가장 사랑하는 사람이 너 자신이길!

엄마란 행복의
또 다른 이름이다

"다시 태어나도 아기를 키우겠습니까?"

이 시점에서 다시 묻고 싶은 말입니다. 부모교육 강의를 할 때 대부분의 엄마들은 "다시 태어나면 아이를 키우지 않겠다."에 손을 많이 들었습니다. 지금 생각은 어떠신가요?

저도 이 물음에 대한 답을 곰곰이 생각해 보았습니다. 그리고 이렇게 답하고 싶습니다.

"난 다시 태어나도 엄마로 살고 싶습니다. 그것도 가장 힘들다고 하는 딸아이의 사춘기 시절로 돌아가고 싶습니다. 그때의 그 스릴, 긴장만큼이나 행복도 컸던 그 경험을 다시 해 보고 싶습니다."

아빠가 안 계시고 혼자 아이를 키우다 보니 채워주지 못한 아쉬운 점이 많았습니다. 직장맘이라 힘에 부칠 때도 얼마나 많았던 지요. 하지만 이 길이 행복한 길이기에, 세상 그 무엇과도 바꿀 수 없는 행복한 여정이기에 20년 이상의 장거리 레이스를 해 왔던 겁니다. 지금도 진행 중이고요. 어쩌면 평생 이어지는 게 엄마의 길이 아닐까 싶습니다. 이 긴 여정을 다시 할 의향이 있느냐고 제게 묻는다면, 엄마로 사는 삶을 선택할 거냐고 묻는다면 곧바로 "예스"라고 할 겁니다.

임신, 출산, 육아, 그 경이로움에 대하여

한 생명이 내게 왔을 때 경이로움과 무한행복을 느낍니다. 열 달 동안 내 뱃속에서 자라는 아이의 태동을 고스란히 느끼면서 함께 지냅니다. 그동안 느껴보지 못한 신비한 체험입니다. 아이가 태어나는 순간은 또 어떻고요. 아주 조그만 생명이 내 곁에 누워 있습니다. 24시간 붙어서 돌봐야 하는 어린 생명입니다. 밤잠 설치는 것도 괜찮습니다. 사랑과 정성으로 돌봅니다. 아이가 방긋방긋 웃어주고 하루가 다르게 쑥쑥 자라줍니다. 나 자신도 챙기기에 급급했는데, 이런 헌신적인 마음의 자세는 어디서 생겼을까요. 이런 무한 에너지가 어디서 자꾸 만들어질까요.

3세, 5세가 되어 어린이집, 유치원을 갈 때 얼마나 뿌듯한지 모릅니다. 8세, 드디어 학교라는 곳을 다니는 학생이 됩니다. 가방을 사 주고, 학용품을 준비하고, 공책에 이름도 쓰고. 마치 엄마인 내가 초등학교에 입학하는 것 마냥 설렙니다. 학교는 잘 다닐지, 친구랑 잘 지낼지, 공부는 잘 따라갈지, 받아쓰기는 몇 점이나 맞아 올지. 궁금하고 걱정되는 것 투성입니다. 아이를 따라 마음은 늘

학교에 가 있습니다. 차라리 아이 대신 내가 학교에 가는 게 더 마음 편하겠습니다. 이런 애씀은 태어나서 처음입니다. 이런 애씀을 부모라서 할 수 있다고 생각하니 행복하기 그지없습니다.

드디어 내 아이가 사춘기가 됩니다. 희귀병에 걸린 거랍니다. 중2병이라지요? 부모님을 살살 긁어댑니다. "예, 알았어요." 하고 고분고분 하던 내 아이가 "됐어요, 신경 쓰지 마세요!"라고 단답형의 말만 던집니다. '이 녀석 봐라!' 하다가 '내 자식 맞아?' 하며 충격을 받습니다. 아이와 감정의 소용돌이에 휘말리기도 합니다.

사춘기는 믿고 기다려주는 시기라고 합니다. 믿고 기다려주는 것만큼 부모가 성장하는 거라니까 믿고 기다려주기로 합니다. 아이가 하는 행동을 보면 하루에도 열두 번 노심초사 되지만, 끼어들어 간섭하고 싶지만 '믿고 기다리는 시기', '부모가 성장하는 시기'라는 말을 굳게 붙들고 참습니다. 내공이 엄청 쌓여갑니다.

대학을 가고, 회사를 선택해서 다니고, 사회의 일원이 되어 갑니다. 남자친구가 생기고 '평생 이 사람이면 되지 않을까?' 하고 심사숙고를 거친 후 결혼하겠다고 말합니다. 내 자식이 아까워 어떻게 남을 줄까 싶다가도 자식이 행복해 하는 것을 보고는 허락해 줍니다.

드디어 결혼이라는 것으로 새로운 제2의 인생을 출발합니다. 그러더니 임신을 하고 열 달을 뱃속에서 아이를 고이 길러내더니 16시간 진통 끝에 제왕절개로 아이를 낳았습니다. 이렇게 제 딸도 한 아이의 엄마가 되었습니다. 경력 0년차 초보 엄마가 되었네요.

하지만 이제 막 엄마의 삶을 시작한 딸에게 엄마경력이 엄청 많은 선배인 제가 자신 있게 말해줄 게 있습니다. 엄마의 기억창고는 따로 있는 것 같습니다. 다른 기억과 기억하는 방식이 다른 것 같습니다. 분명히 힘든 일이 더 많았는데, 모든 게 좋지만은 않은 경험이었는데, 그런 기억이 나지 않습니다. 아이가 아파서 밤잠 설친 날, 갑자기 일이 생겨서 아이를 맡길 곳 없어서 발 동동 구르며 안타까워했던 적도 여러 번 있었거든요. 이런 기억들은 머릿속 저 밑에 가라앉아 버렸나 봅니다. 대신에 행복한 기억, 감동받은 기억이 기억 윗부분을 차지하고 있습니다.

딸아이가 사춘기 때의 기억도 잘 나지 않습니다. 까칠해진 딸의 말투 때문에 분명히 상처 입은 날이 많았고, 속상해서 울기까지 했던 것 같은데 그런 기억조차 행복하게 기억되어 있는지 모르겠습니다. 엄마는 힘든 기억일수록 더 행복하게 기억하는 걸까요. 그래서 제가 딸아이 사춘기 시절의 엄마로 돌아가 보고 싶은 지도 모릅니다. 엄마의 기억은 언제나 예쁘게 왜곡되나 봅니다. 엄마보다는 딸에게 유리한 기억 같습니다.

엄마란 행복의 또 다른 이름

"아이가 사춘기 되면 부모랑 슬슬 멀어질 거야. 방문 쾅 닫고 들어가면 그 때부터 끝이야!"

"결혼해 봐, 자기 새끼 챙기느라고 부모는 뒷전이야."

흔히들 자식과 부모는 이렇게 될 거라고 말합니다. 아이는 점점 자라서 부모의 품 안을 떠나게 되지요. 외형상의 거리는 갈수록 멀어지는 것 같습니다. 하지만 마음의 거리는 꼭 그렇지만은 않습니다. 제 딸도 사춘기를 넘어서더니 훌쩍 성장하고 그만큼 철이 들었습니다. 어른스러워져서 예전의 내 자식이 맞나 싶습니다.

"엄마 시간 있어?"

삶의 고민을 의논하고 하루가 다르게 어른스러워집니다. 부쩍 어른스러워진 자식을 보는 것도 참 뿌듯한 일이더라고요.

대학을 졸업하고 사회에 나와 생활하면서 다시 성장하고, 결혼이라는 관문을 통과하고, 한 아이의 엄마가 되면서 부쩍 부쩍 성장하는 게 보입니다. 결혼하면 멀어진다고요? 저도 그럴 거라고 예상하고 마음의 준비까지 단단히 했는데, 그렇지도 않은 것 같습니다.

"엄마, 우리 사이가 결혼했다고 달라지는 것은 없어. 엄마와 난 창자로 이어진 사이잖아!"

결혼식 다음날 아침, 딸이 저를 꼭 안으며 해 준 말입니다. 결혼하니까 혼자 있는 엄마가 애처로워서 해 준 말인 줄 알았습니다. 그런데 아니었어요. 결혼하고 나니 엄마란 존재가 더 애틋하게 다가오나 봅니다.

"엄마, 오빠랑 된장찌개 끓여서 밥 먹고 있어."

자신들이 밥을 먹는 모습조차도 엄마에겐 행복이 되는 줄 우리 딸이 어떻게 알았을까요?! 자주 사진을 보내주고 사는 모습을 공유해 줍니다.

임신 후에는 더 밀접한 관계가 되었습니다. 엄마라는 이름으로 동지가 되었으니까요. 뱃속의 아이를 생각하면 바로 자기를 이렇게 키운 엄마가 떠오르나 봅니다.

"나를 이렇게 뱃속에 두고 열 달을 키웠던 거야!"

이런 생각만으로 감동인가 봅니다.

"엄마 고마워. 입덧도 심했다면서…."

이런 예쁜 말도 해 줍니다. 아이가 태동하는 모습을 동영상으로 보내줍니다. 딸과 관련 있는 일은 모두 행복으로 연결됩니다. 이렇게 엄마와 딸은 인생길을 함께 걸어가는 동지가 되어갑니다. 저는 나날이 어른스러워지는 딸과 애틋한 동반자 관계를 유지하고 있습니다.

이제 딸아이는 엄마가 되었습니다. 왕 초보엄마입니다. 저도 제 딸이 엄마가 되는 순간의 그 힘든 경험을 함께 고스란히 겪어낸 느낌입니다. 제가 아기 낳은 것도 아닌데, 며칠 몸살을 앓았으니까요. 다행이 딸은 엄마로서 잘 적응하고 있습니다. 엄마로서의 소중한 경험을 엄마인 제게 수시로 공유해 줍니다.

"엄마, 나 몸 많이 괜찮아졌어. 아기도 잘 먹고 잘 싸고 잘 자."

"엄마, 아기가 잠투정 하는데 되게 귀여워!"

카카오톡을 통해 사진과 아기 소식을 전해 줍니다. 영상 통화도 더 자주 합니다. 전 딸과 손자 소식을 한꺼번에 들으며 정말 행복합니다. 어린 자식을 키우며 행복해 하는 딸아이 모습 보니까 제가 더 행복해지네요.

딸이 엄마가 된 후 저와 더 자주 소통하고 있습니다. 흔히 내리 사랑이라고 말하는데, 치사랑도 진하고 감동적이네요. 앞서 말한 것처럼 엄마의 기억창고는 좀 이상합니다. 자식과의 소통은 아주 작은 거라도 모두 행복으로 연결되니까요. 작은 것도 부풀려져 감동이 되고, 행복이란 이름으로 둔갑합니다. 이 모든 것이 제가 엄마가 되지 않았더라면, 제 딸이 엄마가 되지 않았더라면 겪을 수 없는 일들입니다.

그래서 저는 다시 태어나도 꼭 엄마로 살고 싶습니다. 제 딸의 엄마로 다시 살아보고 싶습니다. 그것도 가장 스릴 있었던 딸아이의 사춘기 시절로요. 딸이 받아줄 지는 모르겠지만요.

저는 '엄마'라는 묵직한 책임감이 좋습니다. 책임감은 뭔가를 해결해 가는 과정들이 있는 거잖아요. 이런 과정들이 참 스릴 있고 행복합니다. 지내고 보니 이 책임감까지 모두 행복이었습니다. 제가 성장했기 때문인가 봅니다. 그러면서 사랑하는 제 자식도 성장시켰다는 생각이 드니까 뿌듯해서 그런 것 같습니다. 엄마로 살지 않았다면 어쩔 뻔 했을까요. 이만큼이라도 성장할 수 있었던 게 엄마로 살았기 때문이니까요.

29년간 '엄마'라는 이름으로 살면서 자신 있게 말할 수 있습니다. '엄마'란 행복의 또 다른 이름이라고요. 그 어떤 것과는 도저히 비교가 안 되는 깊이의 행복입니다. 갈수록 행복에 가속도가 붙습니다. 지금까지 엄마로 살아보니까 엄마로서 사는 삶이 평생 행복할 수 있겠다는 확신이 듭니다. 그 확신이 갈수록 더 명확해집니다.

정말 괜찮아요, 엄마 되어도!

엄마 동지로
'성장 배틀' 어때?

"엄마가 가시고 난 자리가 휑하네요. 다음에 만날 때까지 열심히 살다가, 또 만나서 서로의 삶에 대하여 이야기해요."

"그래. 우리 딸 메시지 받으니 엄마도 더 열심히 살고 싶은 생각이 든다. 우리 함께 성장배틀하며 살아가자."

지난여름, 딸의 신랑감을 만나러 미국에 갔다가 돌아오는 날 딸과 주고받은 메시지입니다. 그때 저는 딸에게 성장 배틀을 신청했습니다. 성장 배틀을 시작한 지 10개월이 되던 때 제 딸의 결혼식이 있었습니다.

이제는 딸과 진짜 엄마 동지가 되었습니다. 그동안 제 딸로서만 바라보다가 한 아이의 엄마가 된 딸의 모습을 지켜볼 수 있게 되었습니다. 그동안 딸이 임신하고 나서 10개월 동안, 뱃속의 아이에게 어떻게 하는지를 지켜보면서 대견하고 기특하기도 했습니다. 저보다 훨씬 더 잘 해 내는 것 같아서 말입니다.

딸과 엄마 동지로서의 성장 배틀이 본격적으로 시작되었습니다. 그런데 솔직히 양심선언을 하려고 합니다. 딸이 엄마로서 살아갈 하루하루인데 제가 왜 이렇게 긴장되는지 모르겠습니다. 그래서 자꾸 반칙을 하려고 하나 봅니다.

온화함과 단호함으로 무장하기

딸이 아기를 낳고 2주 정도 시어른들께서 산후조리를 해 주셨습니다. 2주 후엔 직장 때문에 다시 한국에 돌아오셔야 했습니다. 전 엄마로서 몹시 걱정이 되었습니다. 딸은 아직 몸이 다 회복되지 않았을 텐데, 사위가 도와준다고 해도 많이 바빠서 늦게 퇴근할 텐데, 혼자 아기 목욕을 시키려면 힘들 텐데, 그러면 혼자 고생하는가 싶어 우울해질 텐데, 우리 딸 행복하지 않으면 어떡하지. 생각이 꼬리에 꼬리를 물었습니다. 밥을 잘 챙겨 먹어야 젖이 잘 나올 텐데, 산후 휴가 끝나면 다시 회사에 복귀해야 하는데 아기는 누구에게 맡길 수 있을까. 저도 모르게 온갖 걱정을 다하게 되더라고요. 직접 가서 못해주니까 애달파서 더 마음이 가나 봅니다. 그러다보니 자꾸 간섭하고 참견하려는 마음이 생겼습니다. 반칙인 것이죠.

"딸아, 미국엔 산후도우미를 부를 수 없어? 아직은 너무 많이 움직이면 안 될 것 같거든. 엄마가 비용을 부담할 테니 2주간만 오게 하면 좋겠다."

"아니야. 내가 할 수 있어요. 혼자 하려니 일은 조금 많지만 재미있어요."

오히려 딸은 스스로 제 갈 길을 잘 가고 있는데, 갑자기 저는 딸이 애잔하여 평정심을 잃은 것입니다. 딸의 정중한 거절에 정신이 번쩍 들었습니다.

제가 딸아이의 삶에 자꾸 끼어들고 싶어진 것입니다. 처음으로 경험하는 엄마라는 설레는 경험을 재미있다고 말하며 잘 해 나가는 딸인데, 제가 자꾸 마음을 쓰고 있는 겁니다. 엄마로서 옆에서 챙겨주지 못하니까 미안한 마음이 앞서서 그렇습니다. 그렇다고 학교를 팽개치고 미국에 가서 도와줄 수 있는 것도 아닌데요.

그래서 마음을 바꿔먹기로 결심했습니다. 잘 하고 있다고 응원해 주는 걸로요. 대견하다고 지지해 주는 걸로요. 딸아이가 엄마로서의 길을 오롯이 경험할 수 있게 기회를 주어야겠습니다. 이게 페어플레이니까요.

아들러는 온화하고 단호하게 자녀를 대해야 한다고 말합니다.

"온화하다는 것은 힘으로 누르지 않고 끈기 있게 대화를 나눈다는 걸 의미한다. 단호하다는 것은 아이와 부모의 과제를 분리한 뒤, 아이가 스스로의 힘으로 과제에 맞설 수 있다면 불필요한 개입은 하지 않는다는 뜻이다."

온화하게 대하는 것은 그나마 조금 되는데, 단호하게 대하는 것이 항상 어렵습니다. 특히 자식이 힘들어하거나 어려운 상황일 때 단호하게 대하는 것은 탯줄을 잘라내는 것 같이 마음이 아픕니다. 자식이 해결해야 할 과제인 줄은 아는데, 자식이 과제를 해결하면서 얼마나 힘들까 싶으니까 조금이라도 손을 잡아주고 싶은 마음이 굴뚝같습니다. 그래도 단호해져야겠지요. 자식의 과제를 부모가 해결해 준다는 것은 아이의 성장을 가로막는 잘못을 저지르는 일이니까요. 딸아이에게 엄마라는 사람이 슬쩍 반칙을 종용해서 한 번 이기게 하는 게 딸의 삶에 무슨 소용이 있겠습니까? 딸이 스스로의 힘으로 자신의 과제에 맞서 삶을 살아갈 수 있도록 응원하고 격려해 주기만 하면 될 것을.

대신 제가 딸아이의 엄마로서 보여줘야 할 것은 제 삶입니다. 지금 살아가는 그 모습 그대로의 삶 말입니다. 딸은 지금도 제 삶을 보고 있습니다. 앞으로도 평생 제 딸로서 엄마의 삶을 지켜보며 살아갈 것입니다. 평생 제가 어떻게 삶을 살아내고 있는지 볼 것입니다.

할머니가 되었다고 대충, 적당히 편하게 살아도 되는 것은 아닙니다. 전 평생 학생이고 싶습니다. 삶 공부를 열심히 하는 학생 말입니다. 항상 삶에서 치열하게 경험하고 배우고 깨달아 가며 살고 싶습니다.

삶은 곳곳에 보물을 숨겨 놓았습니다. 어떤 보물을 어느 지점에 숨겨 놓았는지는 아무도 모릅니다. 광부처럼 삶의 곡괭이질을 매순간 멈추지 않는다면 어느 지점에서건 보물이 발견될 것입니다. 하나씩 삶의 보물을 캐내는 이 스릴 있는 공부를 평생 하는 학생으로 살아가고 싶습니다. 저의 성장의 의미는 바로 이것입니다.

딸이 보는 나의 삶, 내가 보는 딸의 삶

딸은 제 블로그 이웃이고 페이스북 친구입니다. 제가 매일 무슨 일을 하고 무슨 생각을 하는지 제가 올린 글을 보고 다 알고 있습니다. 제가 살면서 얼마나 페어플레이 하는지도 다 점검하고 있습니다. 혹시 반칙이라도 쓴다면 딸에게 다 발각되게 되어 있습니다.

제 삶이 딸에게 노출되어 있기에 정말 스릴이 있습니다. 가장 사랑하는 사람이 제 삶을 들여다보고 있다고 생각하니, 얼마나 잘하고 싶고 긴장되는지 모릅니다. 이런 긴장감 넘치는 딸과의 동행이 참 행복합니다. 제 자신을 위하여 열심히 사는 모습을 딸이 보면서 자신도 얼마나 열심히 살고 싶겠어요. 제 삶에 더 정성을 들이고 싶은 이유이기도 합니다.

솔직히 성장 베틀에서 딸에게 이기고 싶은 생각은 들지 않습니다. 솔직히 말하면 딸이 이겼으면 좋겠습니다. 누가 이겨도 져도 전혀 상관없는 베틀이니까요.

하지만 베틀의 규칙은 있습니다. 절대 반칙하면 안 되는 규칙이지요. 규칙을 지킬 때 이 베틀은 진정 의미가 있습니다. 돕고 싶은 마음에 더 끼어들고 간섭하는 것은 반칙입니다. 반칙을 해서는 안 됩니다. 이 규칙을 지키려고 노력해야 하는 사람은 바로 저입니다. 제가 제 딸을 더 많이 사랑하니까요.

누가 더 많이 상대를 응원해 주는 것은 권장사항입니다. 멋진 페어플레이 정신입니다. 이것 또한 제가 더 많이 해 줄 자신이 있습니다. 제 딸이 이겼으면 하는 바람이 있으니 말입니다.

저와 제 딸은 계속해서 성장 베틀을 펼칠 겁니다. 기대되고 설렙니다. '엄마'라는 이름으로도 한 판 제대로 붙어보고 싶어요. 페어플레이 할 겁니다. 딸이 엄마가 나이 많다고 봐 주는 것도 절대 받아주지 않을 겁니다. 이미 각오가 되어 있습니다. 평생 엄마로 살아온 제가 이길지, 이제 막 엄마가 된 왕 초보엄마- 딸이 이길지 흥미진진하지 않은가요? 딸과 저의 성장베틀, 기대해 주세요.

삶이랑
열애하며

사랑을 진하게 해본 적이 있으신가요? 열애할 때 감정이 어떤가요? 설레고 행복하죠. 때로는 너무 아프고 힘들기도 합니다. 그래도 다시 해 보고 싶지 않으신가요.

전 요즘 사랑에 빠졌습니다. 늦바람이 들었어요. 누구와 사랑에 빠졌냐고요? 바로 저 자신입니다. 매일 설레고 가슴이 터질 것 같이 행복합니다. 이런 나를 보고 싶고 챙기고 싶어서 잠자는 시간이 아깝습니다. 제 자신과 사랑에 빠진 열애담, 들어보실래요?

어렵게 '나'와 다시 만나다

인생 전반전 동안 저는 제가 누구인지 몰랐습니다. 거들떠보지도 않았습니다. 제 자신에게 아무런 관심도 없었습니다. 거의 방치 수준이었죠. 그렇게만 하면 다행이지만, 힘든 시련과 만나서 고꾸라져 있는 제 자신을, 피를 철철 흘리고 있는 자신을 더 비난하고 학대했습니다. 제가 저를 미워하니까 더 고꾸라지더라고요.

구렁텅이에 계속 밀어 넣자 익사단계까지 갔습니다. 목숨이 위태위태할 즈음 저를 간신히 건져냈어요. 다 죽어가는 저를 발견한 게 천만다행이었지요. 삶의 마지막 단계에서 다시 저에게 프러포즈를 할 수 있었던 게 천만다행이지요. 하마터면 영원히 제 자신과 이별할 뻔 했습니다.

엄마가 되고 난 이후 '나'는 잘 지내고 있을까요? '내'가 어디에 있는지, 어떻게 사는지 모르고 있는 건 아니시죠? 아이는 잘 지내고 있는지 매순간 챙기면서, 남편이 무얼 하고 어떻게 사는지 신경을 곤두세우고 챙기면서 엄마, 아내로서가 아닌 '나'는 잘 있는지 챙기고 있나요? '나'를 한 번 챙겨 봐요. 혹시 방치되어 있다면 얼른 만나세요. 얼른 챙겼으면 좋겠습니다. 저는 '나'를 이렇게 챙기기 시작했어요.

'나'에게 프러포즈를 한 후 '나'라는 사람이 참 궁금했어요. 지금껏 함께 살았지만 '나'에 대하여 알고 있는 것이 거의 없었습니다. 제가 무엇을 잘 하는지, 어떨 때 행복한지, 궁금한 것투성이였습니다. 태어나서 처음으로 '나'와 대화를 시도했어요.

"복녀야, 넌 누구니?"

처음엔 대답을 안 해주고 시큰둥하더군요.

'지금껏 눈길도 안 주더니 왠 황당한 질문이람?'

이런 느낌이었지요. 아랑곳하지 않고 끈질기게 '나'에게 구애를 했어요. '나'를 제대로 한 번 사랑해 보고 싶었거든요. 진심을 다해 다가갔더니 드디어 마음을 열어 주더군요. 그토록 궁금했던 '나'에 대하여, '내'가 누군지 하나씩 답을 해 주기 시작했습니다.

"그렇구나! 넌 그런 사람이었구나!"

'내'가 무엇을 원하고 있고, 어떻게 살고 싶은지 모두 다 가르쳐 주었어요. 사랑하는 사람을 위해 그대로 해 주기로 결심했습니다. 원하는 그대로 해 주는 거예요. 살고 싶다는 대로 살아주면 되는 거예요. '내'가 나에게 말해주는 대로 한 번 제대로 살아보기로 마음먹었어요. 다시는 '나'를 무시하거나 방치하다가 헤어지는 아픔 같은 건 절대 겪지 않을 겁니다.

매일 아침 '나'와 열애하는 시간

제가 '나'와 열애한다니까 신기한가요? '나'와의 열애는 사실 거창한 게 아닙니다. 아침부터 '나'와 열애하는 모습을 소개해 드리겠습니다.

매일 새벽에 일어나 가장 먼저 5분 명상을 합니다. 내 안의 위대한 '나'를 만나는 시간입니다. 그 다음 나에 대한 긍정적인 확신의 말을 5분간 외칩니다. 나의 뇌에다 명확하게 입력하기 위해서입니다.

그런 다음 눈을 감고 5분 동안 생생하게 꿈을 꿉니다. 방금 입에서 나온 확신의 말을 이룬 것처럼 생생하게 그려보는 겁니다. 다음은 마음을 챙기는 책읽기를 20분간 하고, 몸을 깨우는 체조를

20분 동안 합니다. 마지막은 감사일기로 마무리 합니다. 아침부터 이렇게 뜨겁게 나를 사랑하며 시작합니다. 100일 동안 이렇게 해 보았어요. 저는 이것을 '꿈모닝 100일 프로젝트'라고 부릅니다. '나'에 대한 열정을 깨울 수 있는 좋은 방법입니다.

꿈모닝 100일 프로젝트를 끝낸 후 또 다른 방식으로 '나'와 열애에 들어갔습니다. 한 번 열애해 보니까 그 느낌이 너무 좋아서 자꾸 더 '나'를 사랑하게 되더라고요. 사랑할수록 '나'를 사랑하는 방법은 자동으로 무궁무진하게 나옵니다.

'나'를 챙기는 시간도 마찬가지입니다. '나'를 사랑할 수 있는 시간이 없다고요? 만날 수 있는 시간이 없다고요? 아닙니다. 하루 10분이라도 '나'를 만나는 시간을 가져 보세요. 남편과 아이가 잠들었을 때 혹은 아직 잠에서 깨기 전에 얼른 만나서 '나'를 챙기면 됩니다. 남편과 아이를 챙기는 시간 중 10~20분만 떼어서 '나'에게 사용해도 좋습니다. 사랑하는 사람과 열애에 빠졌을 때를 생각해 보세요. 한 번이라도 더 만나려고 용을 쓰지요. '나'와 사랑하는 맛을 알기 시작하면 하루도 '나'를 안 만나고는 못 배깁니다. 이게 '나'와 사랑에 빠지는 첫 출발점이에요.

요즘엔 '나'와 열애하느라 다른 데 정신을 팔 시간이 없습니다. '나'와 열애하는 게 이렇게 재미있는데 뭐하려고 다른 데 신경을 쓰겠습니까. 참 신기합니다. '나'라는 사람에게 이런 점도 있었나 싶어요. 알면 알수록 깜짝깜짝 놀랍니다. 제가 모르는 것들이 무궁무진한 것 같고, 무엇인지 너무나 궁금합니다. 무궁무진함의 끝까지 한 번 가보고 싶습니다. 시간, 에너지 모두 동원해도 아깝지 않습니다.

'나'와 사랑에 빠졌으니 아까울 것이 무엇이겠습니까. '나'를 위하여 모든 것을 다 퍼줄 겁니다. 이 세상 끝날 때까지 '나'를 사랑할 겁니다. 그렇게 열애하며 평생 살아가려고요.

꿈을
임신해 봐

전에는 특별한 사람만이 꿈을 가지는 줄 알았습니다. 그런 사람들만이 성공하는 줄 알았습니다. '나'를 사랑하게 된 후 가장 먼저 하고 싶은 일은 꿈을 가져보는 일이었습니다. 그러면 왠지 행복할 것 같았거든요. 그래서 '나'에게 물어보기 시작했습니다.

"복녀야, 넌 뭐할 때 행복하니? 어떻게 살고 싶어?"

'나'의 대답은 '선한 영향력을 극대화하는 삶'이었습니다. 이렇게 살고 싶다고 말해 주었습니다. '선한 영향력을 극대화하는 삶'을 살아가려면 어떻게 해야 할까? 나에게 또 물었지요. '가치 있는 나'가 먼저 되어야겠다는 생각이 들었습니다. '가치 있는 나'가 먼저 되면 그 가치를 다른 사람들을 위해 '베푸는 삶'을 살면 될 것 같았습니다. 그러면 자동적으로 '선한 영향력을 극대화하는 삶'을 살 수 있겠다는 확신이 들었습니다. 그래서 저는 꿈을 이렇게 결정했습니다. '가치 있는 나', '베푸는 삶', '선한 영향력을 극대화 하는 삶.'

꿈을 가진 자의 넉넉함

꿈을 정하고 나니 제가 하고 싶은 일이 서서히 보이기 시작하더군요. 그래서 하고 싶은 대로 한 발짝씩 걸어가고 있는 중입니다.

꿈을 가지니 제가 예뻐 보이기 시작했습니다. 빛을 잃었던 제가 꿈을 가졌다는 이유로 조금씩 빛이 나기 시작하더라고요. 작은 목표들을 정하여 하나씩 실천해 보기로 마음을 먹었습니다. 작은 거라도 실천하니 스스로 자꾸 팔팔하게 살아나네요. 실패해도 괜찮고 성공해도 괜찮습니다. 한 걸음씩 걷는 걸음이 정말 저를 살아있게 만들어 줍니다. 매일 조금 더 나아가고, 그 다음에는 더 많이 나아가고. 이렇게 제 꿈과 손잡고 한 걸음씩 걷고 있습니다.

어쩌면 사람들은 이렇게 말할지도 모릅니다.

"그냥 대충대충 살면 되지. 뭘 그렇게 힘들게 사냐?"

"네가 지금 나이가 몇이야? 나이 생각하고 건강 생각해야지?"

53살에 더 큰 꿈을 꾸고 높은 꿈에 덤비는 저를 보고 블로그 이웃들조차도 걱정해 줍니다. 건강을 더 먼저 챙기라고, 더 많이 잠을 자야하지 않느냐고 진심으로 걱정해 줍니다.

저도 제가 꿈을 갖기 전에는 그렇게 생각했습니다. 꿈을 가진 사람들은 힘들고 여유도 못 즐길 거라고, 그래서 꿈을 이뤄도 불행한 삶일 거라고요. 그런데 완전히 반대였습니다. 꿈을 조금씩이라도 이루면서 살아보니까 전혀 안 힘들어요. 삶의 여유가 없을 것 같았는데 여유를 즐길 시간이 충분히 보입니다. 제 몸을 챙길 시간도 물론 확보 되고요. 꿈이 없을 때는 늘 바쁘다는 소리를 달고 살았는데, 이젠 제가 즐길 시간들이 곳곳에 보입니다. 그 시간을 찾아서 즐기면 돼요.

가장 중요한 건 꿈을 가지게 된 이후로 삶이 훨씬 더 행복해졌다는 사실입니다. 꿈이 없던 그 시절로 돌아가서 사는 대로 살라고 하면 전 절대 못합니다. 그 삶이 더 불행한 걸 아닐까요. 지금의 제 삶이 훨씬 더 행복하게 느껴지니까요. 이게 꿈의 힘입니다.

꿈은 아편이라는 생각이 들 때도 있습니다. 서서히 중독(?)되어가니까요. 갈수록 끊기 힘든 중독이지요. 하나를 이루면 그 다음에 할 일이 보이고, 더 많은 것들을 겁 없이 자꾸 시도하게 됩니다. 힘은 들지 않아요. 너무 설레어서 잠도 오지 않습니다. 꿈의 아편을 맞았으니까요. 약 기운(?)이 떨어질 걱정은 하지 않아도 됩니다. 하나의 꿈을 이루면 또 다른 꿈이 줄서서 기다리고 있으니까요. 꿈이라는 재료는 떨어질 리가 없어요.

딸의 전공은 심리학입니다. 회계와 관련된 일을 하는 회사에 다니다가 아기 엄마가 되었습니다. 딸은 사람 만나는 걸 무척 좋아합니다. 사람들과 있을 때 에너지를 받고, 에너지를 나눠주는 사람입니다. 에너지가 참 많은 것 같습니다. 에너지가 많다는 건 좋은 거예요.

초등학교 교사로 지내면서 에너지가 많은 아이들이 뭔가를 해내는 걸 많이 봐왔습니다. 제 딸도 학교 다닐 때 어디 놀러 가면 늘 목이 쉬어서 돌아오곤 했습니다. 그 만큼 흥이 많고 끼가 많고 에너지가 많습니다.

딸의 최고의 강점은 상대의 마음을 잘 헤아린다는 점입니다. 전공도 잘 선택한 거지요. 지금도 충분히 자신의 맡은 바를 잘 해 나가고 있지만 저는 딸에 대하여 더 욕심이 납니다. 자기가 가진 재능을 더 한껏 펼칠 수 있는 일을 했으면 하는 마음이지요. 주체 못할 만큼 많은 에너지를 한껏 펼치며 살아가는 모습을 보고 싶은 게 어미의 마음입니다.

딸의 진짜 꿈은 잠시 보류된 상태입니다. 결혼을 해서 아이를 낳았으니 자신의 꿈과 멀어질 수 있겠다는 생각에 엄마로서 안타까운 마음이 가슴 한켠에 있습니다. 그러다가 문득 이런 생각이 들었습니다. 딸의 꿈이 보류된 것이 아니라 연장선상에 있는지도 모른다고요. 꼭 전공을 하고 대학원을 가야 꿈과 연결되는 것은 아니니까요.

지금 딸은 자신의 강점을 가장 잘 발휘할 수 있는 환경에서 살고 있습니다. 남편과 자식에게 자신의 강점을 잘 발휘하면서 생활하는 것이 가장 최선이라고 생각합니다. 딸은 이미 잘해내고 있습니다.

"어머니, 결혼하고 나서 뭐든지 잘 되는 것 같아요. 아라가 복덩이인가 봐요."

사위의 말을 들으며 딸이 남편의 마음을 잘 헤아리며 살고 있는 것 같아 마음이 놓였습니다. 태어난 아이에게도 복덩이 엄마였으면 좋겠습니다. 딸의 강점이 아이들에게도 잘 활용되었으면 좋겠습니다.

삶에서 얻은 지혜들을 딸이 자신의 꿈과 하나씩 연결시켰으면 좋겠습니다. 아내로 엄마로 살면서 적용한 지혜들이 꿈의 좋은 재료들입니다. 경험만큼 더 좋은 꿈의 재료들은 없습니다.

어떻게 연결하느냐에 따라 결과는 크게 달라질 것입니다. 딸은 아이를 셋 낳겠다고 했으니 앞으로 더 많은 지혜와 경험을 쌓게 되겠지요. 딸이 꾸려가는 가정은 딸아이의 꿈의 훈련장이 되는 셈입니다.

"딸아, 너의 꿈도 꼭 임신하길 바라."

딸은 이렇게 답했습니다.

"걱정 마, 꼭 그럴 거니까."

엄마 경력은
초강력 스펙

빈둥지증후군. 많이 들어 보셨지요? 자식에게 올인하다가 자식이 부모의 품을 떠났을 때 느끼는 상실감, 허무감을 의미하는 단어입니다. 자식에게 올인할수록 더 많이 느끼는 감정입니다.

초등학교 6학년 담임을 할 때 만났던 엄마가 있습니다. 남학생 엄마였어요. 아이도 강단 있고 야무졌고, 엄마도 여장부처럼 에너지가 넘치고 늘 씩씩해 보였습니다. 그런데 아이가 중학생이 되고부터는 그렇게 씩씩하던 엄마가 슬슬 아프기 시작했습니다. 병명은 우울증이었어요.

알고 보니 그 엄마는 아이에게 올인하고 있었습니다. 초등학교 6학년 때까지 아이의 모든 스케줄을 다 관리하며 매니저 역할을 했는데, 중학생이 되면서 아이의 독립기가 시작되었던 거죠. 점점 할 일이 없어지자, 엄마는 허전하고 쓸쓸한 마음을 견디지 못했습니다. 그렇게 강해 보이는 엄마조차도 빈둥지증후군 증상을 겪는 것을 보면서 마음이 아팠습니다.

엄마가 아이를 키우는 것은 그 어떤 일보다도 어려운 과정입니다. 자연스럽게 몰입이 되는 일입니다. 이런 몰입의 과정, 최선을 다하는 과정을 강력한 스펙으로 바꾸는 방법은 없을까요? 그 어떤 사람도 따라잡을 수 없는 엄마만의 강력한 스펙으로 말이지요. 이 엄마도 아들에게 올인했던 기간을 엄마 경력의 스펙을 쌓는 기간으로 생각했더라면 어땠을까요. 엄마 역할이 거의 끝날 즈음 아이를 키운 경험을 바탕으로 다른 엄마들을 돕거나 강연을 할 수도 있지 않았을까요.

가시밭길을 비단길로 바꾸는 엄마의 힘

뇌전증을 앓고 있는 아이를 둔 두 명의 엄마의 이야기를 이야기해 드리겠습니다. 먼저 A 엄마입니다.

몇 년 전 저는 A 엄마를 부모교육 중에 만났습니다. 아이가 자라면서 뇌전증 진단을 받았는데, 처음엔 너무 힘들어서 죽고 싶었다고 합니다. 나날이 심해지는 아이를 보면서 자신이 저주받은 인생이라고 생각했답니다. 저는 그녀가 부모교육에 참여한 것만으로도 대단하다는 생각을 했습니다. 하지만 거기까지였습니다. A 엄마는 갈수록 우울해졌고 힘듦을 견디지 못하고 있습니다. 갈수록 나락으로 떨어지는 삶을 보면서 너무 안타까웠습니다.

다음으로 B 엄마입니다. A 엄마와 마찬가지로 어느 날 갑자기 아이가 뇌전증 진단을 받았습니다. 1년 반까지는 A 엄마와 똑같이 절망하고 죽고 싶었답니다.

"도대체 나에게 왜 이런 일이 일어난 거야? 내가 뭘 잘못했지?"

한없이 우울해졌습니다. 그런데 그 다음부터 달랐습니다. 자책과 원망을 물리치고 이런 생각을 하기 시작했습니다.

"내게 이런 일이 일어난 것은 다 이유가 있을 거다."

"신이 나에게 귀한 선물을 주시려고 이런 고통을 내게 주신 거야."

"고통이라는 보자기의 매듭을 꼭 풀어서 그 안의 선물을 받고야 말 거다."

이렇게 마음을 먹은 B 엄마는 아이의 상태를 받아들였습니다. 할 수 있는 한 최선을 다하되, 아이의 뇌전증 때문에 가족이 더 이상 피폐해지는 것을 중단했답니다. 순간순간의 행복을 찾아 즐겼고, 할 수 있는 일에만 초점을 맞추었습니다. 매일 감사를 찾았습니다.

B 엄마는 이런 과정을 책으로 썼습니다. 아픈 아이를 둔 부모들의 힘든 삶을 세상에 알리고 싶었답니다. 같은 처지에 있는 부모들을 돕고 싶은 간절한 마음으로 책을 썼답니다. 이 책은 곧 세상에 나올 겁니다. 분명히 세상에 큰 울림으로 전해질 겁니다. 블로그에 올려놓은 B 엄마의 글을 보고 아이가 뇌전증을 앓고 있는 여러 엄마들이 큰 위안과 용기를 얻고 있습니다.

정도는 다르지만 아이를 키우는 일은 엄청난 좌충우돌의 과정입니다. 모르는 것투성이입니다. 배울 게 한두 가지가 아닙니다. 배운 대로 해도 안 되는 것이 이 길입니다. 부담으로 느낄지 뿌듯함으로 느낄지는 자신의 마음에 달려 있을지도 모릅니다.

이렇게 아이를 키우는 과정을 자신이 배우고 성장하는 과정으로 생각하면 어떻게 될까요? 좌충우돌 할수록 더 알려고 애쓸 것이고, 문제를 해결하려고 노력할 것입니다. 하나씩 배우고 적용하는 과정에 뿌듯함이 들 것입니다. 성공하든 실패하든 그것이 내공으로 쌓일 것입니다. 다음엔 비슷한 문제가 생기면 척척 해결해 낼 것입니다. 유능 감도 증가할 것입니다. 이런 유능 감이 삶의 유능 감으로 연결될 거고요.

반면에 부담감으로 생각하면 어떻게 될까요? 빨리 아이가 자랐으면 좋겠고 아이가 힘들게 하면 어떻게든 피하려고 할 것입니다. 어릴 때는 명령, 강요하는 엄마가 될 테고, 조금 더 자라서 사춘기라도 되어 힘에 부대끼면 '될 대로 되라'는 식으로 엄마 역할을 반쯤 포기하는 상태가 될지도 모릅니다. 제 주위에 이런 엄마들이 부지기수거든요. 엄마로서 오래 살지도 않았으면서 벌써 기진맥진해서 아무 의욕이 없어진 사람들이 너무 많습니다.

힘든 육아를 그대로 인정하고 노력하며 겪어내는 과정을 책으로 써낸 엄마들도 많이 있습니다. 육아를 그냥 버텨내는 과정으로 생각하는 엄마들과, 모든 것이 배움이고 성장의 과정이라고 생각하는 엄마와는 마음 자세부터 다르지 않을까요? 하루하루 눈 크게 뜨고 반짝이며 배워야 할 배움의 장일지, 버텨내는 것조차 버거운 시간이 될지는 엄마가 마음먹기에 달려 있습니다. 마음먹기에 따라 엄마의 태도는 완전히 달라질 거고요.

　엄마 경력만큼 강력한 스펙은 없다고 생각합니다. 엄마로 살아본 경험만큼 어려운 경험은 없으니까요. 이렇게 난해하고 중한 책임을 맡을 일이 살면서 얼마나 될까요. 엄마들은 이 힘들고 어려운 과정들을 모두 겪어낸 사람들입니다. 얼마나 위대한 사람들입니까. 얼마나 차별화된 스펙인가요.

　이 스펙을 무용지물로 만들지, 초강력 스펙으로 삼을지는 엄마 자신의 책임입니다. 엄마만이 쌓을 수 있는 스펙이기에 다른 스펙과 차별화 됩니다. 이런 스펙을 허투루 보내면 얼마나 손해입니까. 마음까지 피폐해지고 자신을 넘어뜨리는 결과를 낳는다면 얼마나 억울할까요. 부디 엄마 경력을 허투루 하지 말고 방치하지 말길 바랍니다. 이것만큼 초강력 스펙이 없기 때문입니다.

내 인생은 나의 것, 우리의 것!

한참 어른이 될 때까지도 '내 인생이 나의 것'이라고 생각했던 적이 없었습니다. 내 인생을 내가 책임져야 한다는 뜻도 깊이 와 닿지 않았습니다. 그냥 세상에 이끌려 살았던 것 같습니다. 적어도 제 삶이 바닥으로 고꾸라지기 전까지는 말입니다.

20대 후반, 남편의 너무 이른 사망으로 심한 좌절감을 경험했습니다. 죽은 남편을 원망하고 세상을 원망하고 심지어 신을 원망했습니다. 그럴수록 더 우울해져 갔습니다. 결국 심한 우울증 환자가 되었고 알코올 중독자가 되었습니다. 그렇게 5년을 살았습니다. 목숨만 붙어 있는 산송장이나 마찬가지였습니다.

어느 날 정신을 번쩍 차리고 보니 제 앞에 내버려진 '나'의 처참한 모습이 보였습니다. 그때까지만 해도 제 삶의 운전대를 신이 쥐고 있는 줄로만 알았습니다. 제가 할 수 있는 일이 아무것도 없다고 생각했습니다. 저를 이렇게 처참하게 만든 신만 원망하는 게 제가 할 수 있는 유일한 일이었지요.

미친 여자가 되려는 찰나, 제 생각이 틀렸다는 것을 알아차렸습니다.

"내가 나를 이렇게 만들었구나. 나를 방치한 것도 나구나."

이 사실을 알아차리니 그동안 '나'를 이렇게까지 내버려둔 제 자신에게 너무 미안했습니다.

그때부터 '나'를 챙기기 시작했던 것 같습니다. 걸음마조차도 하지 못하던 '나'를 부축해 가면서 한 발짝씩 저만의 걸음을 떼어 놓기 시작했습니다. 이렇게 '나'를 챙기기 시작한 지 벌써 20년이 넘었습니다. 지금은 매일 아침 눈 뜰 때부터 잠들 때까지 '나'를 챙기는 일을 제일 우선으로 합니다.

삶의 기적을 만드는 건, 바로 나

"나는 내 운명을 스스로 통제하여 기적을 만드는 사람이 된다."

매일 아침 제가 외치는 확신의 말입니다. 제 인생, 제 운명이 제 손 안에 있다는 것을 알게 되었습니다. 저를 챙길 사람도, 책임 질 사람도 제 자신이라는 것을 이제는 누구보다도 잘 압니다. 그래서 누구보다도 앞서서 제 스스로를 알뜰살뜰 챙기고 사랑해 줍니다. 그리고 제 책임을 누구에게도 전가하지 않습니다.

부모교육을 하면서 많은 어머니들을 만납니다. 우울해져 있거나 에너지가 소진된 엄마들을 많이 만납니다. 이 분들의 공통점을 발견했습니다. 아이, 남편 때문에 자신의 삶이 이렇게까지 되었다고 믿는다는 것입니다. 자신이 피해자라고 생각하고 있었습니다. 아이와 남편을 바꾸려고 아무리 노력해도 되지 않는다고 하소연을 합니다. 그러면 그럴수록 더 자신만 만신창이가 되니 절망할 수밖에 없다고 말합니다.

내가 내 삶의 주인이고 책임자라는 것만 가르쳐 주어도 눈빛이 달라집니다. 자신의 삶을 자신이 통제할 수 있다는 사실만으로도 희망을 발견한 느낌이었습니다. 몇 가지의 기법만 가르쳐 주어도 금방 활용하더니 이제는 살 것 같다고 말합니다.

부모교육 강사가 되어 사는 지금은 '내 인생이 우리의 것'이라는 것도 알아차렸습니다. 제가 부모교육 강사가 되고나서 엄마들의 반응이 달라지더라고요. '참 좋은 선생님, 고마운 선생님'이었던 반응이 이제는 '존경하는 선생님, 닮고 싶은 선생님'으로 바뀌었습니다. 제 삶이 어떻게 다른 사람에게 존경하는 삶이 되고, 닮고 싶은 삶이 되는지 신기할 따름이었습니다. 제 삶도 다른 누군가의 삶에 이렇게 영향을 미친다는 것이 믿어지지가 않았습니다. 좋은 부담감 내지 사명감이 들기 시작했습니다.

'맞아. 나를 부모교육 강사가 되어 살게 한 것도 다 이유가 있겠지. 나를 그렇게 구렁텅이에 빠뜨려서 다시 건져 내어 담금질 한 것도 다 나를 쓰시기 위한 큰 뜻이 있었겠지.'

앞에서도 언급했지만 그때부터 나의 삶의 모토를 이렇게 정했습니다.

'가치 있는 나!' '베푸는 삶!' '선한 영향력을 극대화하는 삶!'

제 가치가 다른 사람의 삶에 선한 영향력을 미쳤으면 좋겠다는 생각이 간절합니다. 그런 간절함이 생기니까 자동적으로 가치 있는 나를 만들기 위한 실천을 하는 나를 발견하게 되었습니다. '나 혼자 잘 살면 무슨 재민교'란 말이 맞습니다.

전 이제 저 혼자 잘 먹고 잘 사는 단계는 넘어선 것 같습니다. 우리가 잘 먹고 잘 사는 것에 관심이 더 있습니다. 그래서 오늘 제 삶을 어떻게 살아야 하는지를 늘 점검하고 실천하며 살아가려 노력합니다. 의타심, 공헌하는 삶이 목적일 때, 사람을 행동하게 하는 강력한 힘임을 실감합니다.

매일 아침 이런 말을 저에게 외칩니다. 제가 세상에 무엇을 하러 온 것인지를 매일 상기하며 다짐하는 저만의 의식이기도 합니다.

> 내가 세상에 온 이유는 사랑을 실천하려고 온 것이다.
> 내가 이룬 기적이 다른 사람의 삶에 기여하는 것이
> 내가 바라는 사랑이다.
> 그러므로 나는 평생 기적을 이루는 삶을 살아갈 것이다.

지금은 작가로서의 삶도 살아가고 있습니다. 제가 세상에 어떤 메시지를 던져야 하는지, 어떤 영향력을 미치는 삶을 살아야 하는지 한 순간도 잊지 않고 살아갈 것을 다짐합니다.

우리의 삶이 이랬으면 좋겠습니다. 자신의 인생을 자신의 것이라고 당당히 말할 수 있는 자신감 있는 삶을 살았으면 좋겠습니다. 혹시 살다가 삶이 조금 배신하더라도 조금 화나고 빨리 쿨하게 받아들이는 사람이었으면 좋겠습니다. '무슨 의도가 있겠지' 하는 마음으로 빨리 숨어있는 더 큰 의도를 찾아서 어려운 상황을 극복하는 진정 용기 있는 사람이면 좋겠습니다.

욕심을 더 내어보면 어떨까요. 제 삶을 갈고 닦아 저만의 광채를 지닌 보석으로 반짝반짝 빛나는 삶이었으면 좋겠습니다. 그 빛이 다른 사람의 삶에도 기여하는 삶이면 좋겠습니다. 제 상처를 잘 어루만지고 치유한 후 그 치유의 손길로 아픈 사람을 치유하는 삶도 살았으면 좋겠습니다. 진흙탕 속에 빠졌다가 다시 연꽃으로 피워나서 또 다른 삶을 꽃피우도록 돕는 그런 삶을 살았으면 좋겠습니다.

신이 우리를 세상에 보낸 더 큰 이유가 있을 겁니다. 지금까지 담금질 한 목적도 분명히 있을 거예요. 설마 저 하나, 우리 가족 행복하게 살다가 끝내라고 하는 인생일까요? 이것도 훌륭한 일이긴 합니다. 하지만 좀 더 높은 곳을 날아올라 아래를 내려다보세요. 신의 더 큰 의도를 알아차려 보는 거죠. 내 삶을 나의 것으로 뜨겁게 살다보면 우리의 삶을 위해 내가 무엇을 할지가 보일 거예요. 그럴 때 감사하며 감당해 보자고요.

나머지 능력은 신이 우리에게 반드시 채워주실 거예요. 걷는 걸음걸음마다 신이 우리를 인도해 주실 거예요. 그 걸음은 분명 행복으로 모두 연결되어 있을 거예요.

Don't worry! Just believe and go!

매일 감사,
평생 감사하며!

가장 빠르고 효과적으로 에너지를 긍정적인 기운에 머무르게 하는 탁월한 방법은 무엇일까요? 바로 감사입니다.

우리는 살면서 늘 긍정적인 기운으로 살아갈 수 없습니다. 수시로 삶이 나를 힘들게 하고 소용돌이 속에 던져 넣기도 하고 우울하게도 만듭니다. 삶은 늘 파도처럼 출렁입니다. 이럴 때마다 고삐를 놓아버리고 출렁거리는 삶의 물살에 이리 밀리고 저리 밀린다면 어떻게 될까요?

얼른 삶의 고삐를 내가 잡도록 돕는 방법, 이게 감사입니다. 일단 내가 삶의 고삐를 잡게 되면 지금 이 순간 뭘 할 수 있는지 보입니다. 삶의 물살에 떠밀려 출렁거릴 때는 아무 것도 볼 수 없고 할 수가 없는데, 삶의 고삐를 잡으면 내가 할 역할이 보입니다. 그렇게 할 일을 하며 살아가는 것이 행복입니다. 행복의 문을 여는 열쇠가 감사입니다.

감사하면 행복하고 행복하면 감사하다

감사를 바로 행복이라고 말하는 사람도 있습니다. 주철환 씨가 쓴 〈행복〉이라는 시의 일부를 소개하겠습니다.

밥 먹을 때 행복하다면 하루에 3번은 행복할 거다.
숨 쉴 때 행복하다면 매순간 행복할 거다.

그는 "행복"이라는 단어를 "감사"라는 단어로 바꾸어도 그대로 뜻이 통한다고 하였습니다. 그의 말대로 한 번 바꾸어 보았습니다.

밥 먹을 때 감사하다면 하루에 3번은 감사할 거다.
숨 쉴 때 감사하다면 매순간 감사할 거다.

감사를 행복의 다른 이름으로 정의 내리고 있는 것입니다. 저도 주철환 씨의 말에 100% 공감합니다. 행복하려면 감사할 수 있어야 합니다. 그냥 행복이 주어지는 삶은 절대 없습니다. 나에게 주어진 삶에서 감사를 찾고 발견하며 감사를 말할 수 있어야 행복이 더 빨리 내 곁에 찾아옵니다. 찾아온 행복이 자리를 뜨지 않고 오래 내 곁에 머물러 줍니다. 그래서 갈수록 더 행복해집니다. 감사는 하면 할수록 행복에 가속도가 붙습니다.

저는 이런 감사의 혜택을 감사일기를 쓰기 시작하면서 조금씩 알게 되었습니다. 오프라 윈프리의 매일 감사일기 쓰기에 감동 받아서 쓰기 시작한 감사일기가 이제 1년 6개월이 조금 넘었습니다. 감사일기 100일 미션을 마친 후 가끔 빠뜨리긴 했지만 꾸준히 써 온 결과, 그 위력을 충분히 깨달을 수 있었습니다. 감사일기를 쓴 날과 쓰지 않는 날의 에너지 파장은 전혀 다릅니다. 이제는 365일 감사 프로젝트를 하고 있습니다. 365일 감사가 끝나면 1,000일 미션을 할 겁니다. 다시 5년 감사일기 쓰기를 할 것입니다. 즉 평생 감사일기를 쓰면서 살아가겠다는 각오를 한 것입니다.

감사할 거리는 사실 무궁무진합니다. 전 이제 평범한 일상의 감사에서부터 '그럼에도 불구하고' 감사까지 자유자재로 넘나들고 있습니다. 제 주위에도 정말 힘든 상황에도 불구하고 매일 감사일기를 블로그에 올리는 이웃들이 많습니다. 그들의 감사내공이 깊어질수록 행복의 내공도 따라서 깊어진다는 사실을 눈으로 확인합니다. 감사할수록 그 에너지가 많아져서 자신을 위한 삶에서 타인을 위한 삶으로 에너지가 공명되어 흐른다는 것을 느낍니다. 이런 좋은 점을 발견한 '감사'이니 평생 감사하며 살 이유가 충분하잖아요.

저의 365일 감사에 맞추어 딸에게도 매일 감사하기를 실천해 보라고 권하려고 합니다. 딸의 행복을 위한 강력한 팁을 전해주는 거니까 이런 참견은 해도 될 것 같습니다.

장애물을 거뜬히 뛰어넘는 힘, 감사

부모교육을 할 때 우울하고 에너지가 완전히 떨어진 한 엄마에게 '감사'에 대한 팁을 알려 드렸습니다. 그 분은 그 방법을 가정에서 실천하기 시작했습니다.

"엄마는 우리 아들, 딸이 있어서 감사합니다."

"난 엄마랑 감사하기를 할 수 있어서 감사합니다." (큰 아들)

"난 형아가 나랑 놀아주어서 감사합니다." (둘째 아들)

"난 엄마가 있어서 감사합니다." (셋째 딸)

이 가정이 어떻게 변화되었는지 아세요? 큰 아이를 제가 가르쳤는데, 아이의 얼굴 표정이 완전히 변화하는 것을 볼 수 있었습니다. 늘 우울한 얼굴이었던 아이가 친구들에게 먼저 장난을 거는 적극적인 아이로 변했습니다. 행복하게 학교생활을 하는 아이를 보면 정말 신기합니다. 매일 '감사하기'의 힘입니다.

신은 어떤 지점에 어떤 장애물을 설치해 놓고 우리를 시험할지 모릅니다. 이 장애물을 거뜬히 뛰어넘고 다시 목표를 향하여 나아가는 사람이 있는가 하면, 작은 장애물인데도 놀라서 넘을 생각도 않고 대성통곡을 하느라 삶을 다 허비하는 사람도 있습니다. 삶의 장애물을 만났을 때 거뜬히 뛰어넘을 수 있도록 내공을 다져놓는 일이 '감사하기'입니다. 평소에 감사하기를 늘 실천해서 감사내공이 쌓인 사람은 이런 장애물조차도 감사합니다. 내가 성장할 확실한 기회란 것을 이미 알고 있으니까요. 감사내공으로 훌쩍 뛰어넘습니다. 자신의 힘으로 뛰어넘었음에도 도와주셔서 감사하다고 또 말합니다.

감사내공이 안 쌓여 장애물 앞에서 주춤거리고 있다면, 그런 자신을 발견하게 된다면 얼른 감사부터 외쳐 보세요. 이런 시련을 주셔서 감사하다고. 이 시련도 기꺼이 감당하겠다고. 그 힘도 주실 거라서 감사하다고. 그러면 언제 생겼는지도 모르는 힘으로 훌쩍 뛰어넘게 될 거예요. 그때 바로 또 감사를 외쳐야지요. 도와주셔서 감사하다고.

이렇게 감사라는 삶의 마법지팡이를 갖고 살면 든든합니다. 저도 감사의 마법지팡이와 함께 평생 살아갈 겁니다. 가끔 삶이 흔들리고 배신당한다는 생각이 들어도 마법지팡이를 한 번 휘두르면 만사 평정되겠지요.

감사는 생각이 아니라 실천입니다. 감사내공은 그냥 쌓이는 게 아닙니다. 매일 감사하는 삶이 쌓여야 감사내공도 쌓입니다. 감사 근육은 그냥 생기는 게 아닙니다. 매일 매일 감사로 단련해야 마음에 만들어지는 근육입니다.

매일 감사, 평생 감사로 무장될 삶. 나이 들수록, 세월 더할수록 감사에너지의 폭발력이 기대되지는 않나요? 제가 매일 감사일기 쓰기를 치열하게 실천하는 이유입니다.

삶을 축제의 한판으로!

"이 학생은 세상을 축제의 한판으로 생각하며 살고 있는 아이인데요. 행복도가 최고입니다."

중학교 때 제 딸의 성격 검사와 행복도 검사 결과입니다. 믿어지지가 않았습니다. 딸의 어린 시절을 제가 헤매느라 돌봐주지 못한 부분이 5년이나 되었거든요. 이 기간에 대한 막연한 불안감이 있었는데, 딸은 세상을 축제의 한 판으로 생각하며 살아가다니요.

처음에는 의아했다가 차츰 딸의 마음이 궁금했습니다. 도대체 어떤 생각으로 살기에 세상을 축제의 한 판으로 생각하고 사는지 그 비결이 궁금했습니다. 제 딸에게서 세상을 축제의 한판으로 살아가는 방법을 배워보고 싶었습니다.

축제 1막: 일단 부딪혀 보는 거야

"엄마, 나 미국 보내주세요."

딸은 미국에 세 번째 갔다 온 후 바로 유학을 결정했습니다. 전 딸의 결정을 항상 존중했기에 "OK"해 주었습니다. 하지만 걱정이 많이 되었어요. 고등학교 1학년생인 딸이 엄마와 떨어져 미국에 계신 고모와 잘 적응하며 지낼지가 제일 걱정이었어요. 한 번도 엄마를 떨어져서 다른 사람과 살아본 경험이 없었거든요. 영어도 거의 못하는데 수업은 따라갈 수 있을지도 걱정이었고요. 미국 사회가 위험하다는 데 딸아이는 안전할까? 별의별 걱정이 앞섰습니다. 그러나 정작 본인은 그냥 쿨 하게 일단 부딪혀 보기로 한 것입니다.

이렇게 결정을 내리고 나서 딸은 미국으로 갔고, 언어도 잘 통하지 않는 그곳에서 씩씩하게 적응해 나갔습니다. 말을 모른다고 쭈뼛거리지 않고 거침없이 행동했습니다. 앞서 이야기한 것처럼 영어회화도 전혀 되지 않을 때 햄버거 가게에 가서 주문을 하고 왔으니까요. 나중에서야 딸은 미국 생활을 하면서 진땀을 뺐던 경험이 많다고 하였습니다. 그렇지만 물러서지 않고 늘 발걸음을 내디뎠다고 했습니다.

미리 걱정하지 않는 것, 일단 부딪혀 보는 것. 딸이 삶을 축제처럼 즐기는 첫 번째 비결이었습니다.

축제 2막 : 생각보다 안 힘들어

"엄마, 생각보다 안 힘들어!"

딸은 미국 가서 6개월간 어학연수를 하고 바로 고등학교 과정에 들어가서 수업을 들었습니다. 한국에서 영어회화를 배우고 간 게 전혀 아니니 정말 힘들고 머리 아팠을 텐데, 딸은 태연하게 말했습니다.

"딸아, 많이 힘들지?"

"엄마, 생각보다 안 힘들어!"

몇 번을 물어도 언제나 이렇게 답했습니다. 생각보다 견딜 만하다는 뜻이었을 거예요. 그 상황에서 생각보다 안 힘들다고 말하는 딸이 기특하기도 했지만, 한편으로는 혹시 엄마를 위해 거짓말을 하는 건 아닐까 하는 걱정도 들었습니다. 누가 봐도 힘들 상황이었기 때문입니다.

결혼식을 준비하면서도 딸은 신랑감과 둘이 모든 것을 준비했습니다. 양가 부모 모두 한국에 있었기에 도와주기가 어려웠습니다. 낯선 타국 땅에서 준비하느라 무척 힘들었을 테지요. 마음이 짠해서 여러 번 물었습니다.

"너희들끼리 해결해 가려니 많이 힘들지?"

"생각보다 안 힘들어. 오빠랑 같이 의논해가면서 하니까 재미있어."

진짜 그런 줄 알았습니다. 힘들어 하는 기색이 없으니 진짜 힘든 일이 없었나 보다고 믿었습니다. 그런데 결혼식장에 가 보고는 딸과 사위가 얼마나 애써서 축제를 준비했는지 느낄 수 있었습니다.

아기를 임신하고 입덧을 제법 심하게 할 때도, 산달이 다 되어서 몸이 점점 무거워지고 많이 힘들 텐데도 이렇게 말했습니다.

"엄마, 생각보다 안 힘들어!"

똑같은 상황이라도 '생각보다 안 힘들다'고 해석하는 딸의 내공이 참 부러웠습니다. 이런 해석이 딸이 삶을 축제로 즐기는 비결이 아닐까요?

축제 3막 : 긍정적인 면은 항상 있잖아

"엄마 이 집은 이게 맛있네! 이 영화는 이 장면이 너무 멋있어!"

아무리 맛없는 음식점에서 음식을 먹어도, 아무리 재미없는 영화를 봐도 딸에게는 좋은 이유가 한 가지라도 있었습니다. 어떻게 그 음식점에서 맛있는 이유를 찾아내는지, 처음부터 끝까지 졸면서 본 영화에서 재미있는 이유를 찾아내는지 참으로 궁금합니다.

딸의 마음의 눈은 도수가 아주 높아서 제가 못 보는 것까지 보는 것인지, 아니면 좋은 점만 가려내는 특별한 렌즈를 장착했는지 모르겠습니다. 딸은 어떤 상황이나 경험에서든 긍정적인 면을 항상 찾아냈습니다. 그것을 더 잘 보고 더 중요하게 생각하는 것 같았습니다. 딸아이의 이런 태도가 바로 삶을 축제로 즐기는 비결 세 번째라고 생각합니다.

축제 4막 : 지금 이 순간을 즐기자

딸이 아기를 낳을 달이 가까이 다가오니까 엄마인 전 자꾸 조급증이 났습니다. 하지만 딸은 여유가 있었습니다. 누가 산후 조리를 해 줄지, 누가 아이를 키워줄지 발을 동동 구르지 않았습니다. 고민하지도 않는 눈치였습니다.

대신 아이를 위하여 부모가 행복하게 생활하는 모습을 보여주고, 아이를 위하여 건강한 것을 먹고, 좋은 생각을 하며 일상을 보내는 것부터 집중했습니다. 산후조리를 해주실 시어머니가 오신다니까 감사하게 받아들입니다.

"시어머니가 오셔서 조리해 주면 힘들 텐데…."

주변 선배들이 아무리 조언해 주어도 딸은 앞서서 걱정하지 않는 눈치였습니다.

아이를 누가 키울지에 대한 것도 다음에 생각해도 늦지 않다고 했습니다. 너무 앞서서 미리 고민하지 않는 것 같습니다. 자신들의 먼 미래를 미리 걱정하느라 에너지를 다 소진하지 않더라고요. 순간순간을 즐길 줄 아는 딸의 태도가 세상을 축제의 한판으로 즐기는 비법 같습니다.

살아보니까 지금 이 순간에 집중하며 사는 삶이 제일 어렵다는 것을 저도 압니다. 자꾸 미래로 가고 과거로 가서 불안해하고 걱정하느라 에너지를 다 빼앗겨 버립니다. 정작 지금 해야 할 일에는 에너지를 쏟을 힘을 남겨두지 않고서요.

미래를 걱정하지 않고 현재의 삶에 온전히 집중하는 딸을 보면서, 처음에는 너무 대충 사는 것 같아 걱정되었습니다. 지금은 제 딸이 한 수 위라는 생각이 듭니다. 미래를 무방비 상태로 놓아준다는 것이 아니라 너무 앞서서 걱정하지 않는 태도이니 말입니다.

제가 삶을 축제로 즐기는 비법도 하나 공유할까요?

축제 때 무엇을 해야 하나요? 신나게 즐기면 됩니다. 즐겁게 춤추고 노래 부르고 대화를 나누고 실컷 웃고 떠들면 됩니다. 축제가 끝날 때까지 몰입해서 놀면 됩니다. 이게 제가 축제를 즐기는 비결입니다.

음악이 나오면 음악에 맞춰 춤을 추면됩니다. 블루스 음악이면 어떻고 탱고면 어떻습니까? '차차차' 나온다고 춤을 못 출까요? 음악이 나오는 데로 몸을 맡기고 잘 하든 못하든 춤을 추면됩니다. 잘하기 위한 장이 아니라 즐기는 장이니까요.

삶의 축제도 이와 마찬가지입니다. 삶은 늘 차차차나 룸바 음악만 흐르는 게 아닙니다. 발라드나 재즈 음악이 나오기도 합니다. 딥블루스가 나올 때도 있지요. 삶은 신나는 일도 있고 슬픈 일이 생기기도 하고, 아니면 더 힘든 일 때문에 깊은 슬픔에 빠지기도 합니다. 그러한 삶의 흐름에 몸을 맡기고 조용히 그 시간을 견뎌준다면, 언젠가는 딥블루스의 음악이 멈추고 다시 차차차가 흘러나올 것입니다. 그게 삶의 이치입니다. 삶의 축제는 순간을 온통 몰입해서 즐기는 자의 몫입니다.

우리의 삶이 언제까지 이어질지 알 수 없지만, 평균수명을 감안하여 생각한다면 80, 90년이 결코 짧은 시간은 아닙니다. 그러나 즐길 줄 아는 사람에게는 축제는 늘 짧고 아쉽습니다. 이 시간이 조금 더 길었으면, 늘 축제였으면 하고 바랄 것입니다. 즐길 줄 모르는 사람에게는 그 기간이 길고 지루하겠지요. '다시는 나 여기 오나 봐라.' 하고 투덜거리고 후회하며 영원한 무대 밖 인생을 살다가 가겠지요.

어떻게 살고 계십니까? 삶의 축제에서 한판 신나게 놀고 계신 중인가요? 지금 이 순간 펼쳐진 축제에 주인공으로 주목받고 계시는지요? 아니면 아직도 쭈뼛거리고 계신가요?

아마추어라도 괜찮습니다. 우리는 모두 삶의 주인공이 되기까지는 무수한 아마추어 시절이 있으니까요. 어쩌면 평생 아마추어로 살아갈지도 모릅니다. 아마추어, 주인공이 중요한 게 아닙니다. 그 무대에서 자기가 맡은 역을 몰입해서 즐기는 자가 주인공입니다. 그 몰입한 무대를 사람들이 기억해 주고 감동할 테니까요. 진정 축제에 몰입해서 즐기는 자에게 스포트라이트가 쏟아질 것입니다.

딸에게 쓰는 편지

사랑하는 딸아!
꿈이란 게 진짜 신기하다. 꿈이란 것에 불을 붙이기만 해도 세상을 보는 눈이 달라져. 매순간 경험하는 것을 허투루 흘러 보내지 않게 돼. 삶의 엔진이라고나 할까?
꿈을 가지게 되면 삶이 자꾸 살아서 움직여. 가만히 있도록 나를 내버려 두지 않아. 한 발짝씩 한 발짝씩 나아가게 하고 성큼 성큼 걷게 해. 우리 딸도 이러한 꿈을 삶 속에서 이루어나가게 될 것이라 믿어. 삶의 모든 경험과 상황들이 다 네게 우호적이라는 것을, 선(善)으로 작용하여 네가 꿈을 이뤄나가는 데 소중한 재료가 되니까 말이야.

네가 엄마로서 하나씩 쌓아가는 삶의 내공을 통해 너의 가정뿐 아니라 다른 사람의 삶에도 기여할 기회가 분명히 생길 거야. 그 기회를 감사하게 받아들이고 헌신하길 바라.

아무리 생각해도 고마운 내 딸!
내 딸이라서가 아니라 넌 한 인간으로서도 참 괜찮은 사람이야.
정말 매력이 있어.
엄마가 네게 자주 해 주었던 이 말 기억나지?
넌 한 인간으로서도 얼마나 엄마를 설레게 하는지 모른단다.
너의 삶을 대하는 태도 때문에 더 그런가 봐.

앞으로 너의 축제에서 어떤 신나는 일이 벌어지고 어떤 음악이 흐를지 모르겠다. 참 궁금해. 네가 그 음악에 맞추어 어떻게 매력적인 춤을 선보일까. 그 축제장은 너무 재미있을 거야. 재미있기만 한 게 아니라 진한 감동도 있을 거야. 자꾸 너의 삶의 축제를 들여다보고 싶어진다.

보석 같은 내 딸!
엄마도 엄마의 축제의 장을 펼쳐 보며 살려고 해. 우리 각자의 삶에서 신나게 한판 놀아보자. 삶의 축제를 제대로 한 번 즐겨보자. 엄마는 사람들이 삶의 축제를 펼칠 수 있도록 도와주고 싶은 욕심이 있어. 왠지 기대가 되고 재미있을 것 같아. 엄마가 무대의 주인공으로서 잘 해나가는 걸 지켜봐 줄 거지?
딸아, 마지막으로 한 번 더 말해주고 싶어.
"엄마의 딸로 살아줘서 정말 고마워."
"엄마가 되어서 행복하게 사는 널 지켜보니 행복해! 엄마를 행복하게 해 줘서 정말 고마워!"

에필로그

이젠, 엄마 되어도
괜찮겠니?

"엄마, 나 이제 어떻게 해야 할지 알겠어. 엄마가 가르쳐준 대로 한 번 해볼게"

딸아이 출산을 앞두고 딸에게 부모교육을 해 주었습니다. 부모교육을 받고 나더니 딸이 한 말이었습니다. 아이를 어떻게 키워야 할지 막연하게만 느껴지던 일이 제가 해 준 몇 시간의 강의로 조금은 감이 왔나 봅니다. 어떻게 할지 몰라 자신이 없었는데 자신감도 조금 생겼나 봅니다. 이 책이 딸아이가 느꼈던 것 같은 안도감과 자신감을 주는 그런 역할을 해 주는 책이길 희망해 봅니다. 아이를 키우는 일이 걱정되고 부담으로 느껴지는 사람들에게 육아가 꼭 그런 일만은 아님을 미리 말해주는 그런 책이었으면 좋겠습니다.

6학년 사춘기 딸아이를 키우는 엄마는 기진맥진해서 부모교육에 참여했습니다. 참여한 이유를 말하는데도 벌써 눈물이 글썽거리고 말을 잊지 못했습니다. 딸아이와의 오랜 실갱이로 자신감을 잃을 데로 잃은 모습이었습니다. 자존감은 낮아질 데로 낮아져서 바닥이었습니다. 다시 일어날 수 있을까 싶어 저도 걱정이 앞섰습니다. 하루 강의를 받고 나더니 제 숨이 돌아오나 봅니다. 이 정도 알아도 이제는 살겠다 싶은가 봅니다. 다음 주 강의에 참여해서 경험나누기를 할 때는 전혀 다른 엄마가 되어 돌아왔습니다. 배운 것 하나만 실천했는데도 이제는 살 것 같다고 말했습니다.

  이 책이 힘든 육아를 하고 있었던 사람에겐 한 줄기 빛이길 바래봅니다. 암흑 같고 가시밭길로만 느껴지던 육아에서 희망을 발견하길 소망해 봅니다. 더 이상 상처입고 곪는 것만이 아닌 상처가 아물고 새살이 돋아나는 과정이었음도 알아채면 좋겠습니다. 감당할 수 없을 만큼 힘든 육아도 감당할 만큼의 무게로 옅어졌으면 좋겠습니다. 숨돌릴 여유조차 없이 헐떡거리던 육아에서 숨돌릴 만큼의 여유도 찾아지길 기도해 봅니다. 그런 마음으로 쓴 책이었습니다.

  무엇보다 내 딸아이 엄마 되어도 괜찮다고 말해주고 싶었습니다. 내 딸아이 엄마의 길을 가도 행복할 수 있다고, 그 길을 알려주고 싶은 간절한 마음으로 쓴 책입니다. 육아가 더 힘든 건 아무것도 모르고 가는 길이기 때문일 겁니다. 부모교육에서 강조하는 내용이 그대로 담겨 있습니다. 제가 딸에게 부모교육을 시켜주듯 그 마음으로 그런 시간으로 느끼도록 쓴 책입니다.

이 책을 읽으며 자신만의 친정엄마를 느꼈으면 좋겠습니다. 따뜻하게 손잡아주며 다정하게 가르쳐주던 어린 시절의 친정엄마를 만났으면 좋겠습니다. 하다가 잘 안되어도 괜찮다고 위로해 주던 친정엄마의 그 마음을 다시 읽을 수 있었으면 좋겠습니다. 다시 또 한 걸음 나아가자고 자신감을 심어주며 용기를 부추기던 엄마의 따뜻한 목소리도 들었으면 좋겠습니다.

어머나 세상에!
정말 애간장이 녹아내리는 줄 알았습니다. 내가 애기를 낳았으면 낳았지 두 번은 못할 짓처럼 느껴졌습니다. 딸아이는 참을 만했다고 말하는데, 저는 제가 애기 낳는 것보다 더한 진통을 경험했습니다. 아무나 할머니 되는 것은 아니었네요. 할머니라는 그 이름 앞에 이렇게 힘든 큰 산이 있다는 것을 정말 몰랐습니다. 그 큰 산이 제게도 성장의 포인트였음을 이제는 알아챘습니다. 딸아이 아이 셋 낳겠다는 그 마음 변하지 않는다면 딸아이와 함께 산고의 고통을 세 번이나 함께 느껴야 하는 거네요! 딸아이와 연결된 것 같은 이 일체감! 이게 딸과 엄마 사이입니다. 이 연결고리 언제 끊어질까요?

"손자가 더 이쁘지요?" 대답을 금방 할 수가 없었습니다. 진짜 그럴 줄 알았습니다. 손자가 이쁘긴 해도 내 딸아이 만큼 이쁘진 않습니다. 손자 사진 매일 매일 보내주는데도 전 내 딸 사진이 더 보고 싶은 겁니다. "엄만 우리 딸 사진도 보고 싶어."

제 딸이 엄마의 이 진심을 알까요? 내 딸이 더 좋고 내 딸 사진이 더 보고 싶은 엄마의 이 마음을요.

이제 제 딸 엄마 된 지 4개월째입니다. 온유의 엄마로 살아가고 있습니다. 내 딸에겐 우리 온유가 세상의 전부일 것입니다. 온유를 생각하는 그 마음이 어떨지 짐작이 됩니다. 저도 제 딸이 제겐 전부입니다. 30년째 제 마음이 가고 있으니 그 마음이 어떻겠습니까! 이 마음이 덜해질 줄 알았습니다. 딸아이 결혼시켜주면 자기 아이 태어나면 이 마음이 옅어질 줄 알았습니다. 우선 순위는 절대 바뀌지 않네요. 평생 바뀌지 않을 제1순위는 제 딸아이입니다. 세상의 모든 부모님들이 같은 마음일 것입니다. 겉으로 표현하지 않을 뿐입니다.

이렇게 귀한 딸에게 이 책 손에 들려주면서 더 놓아주기로 마음먹었습니다. 한 결 마음이 가볍습니다.

전 30년째 제 딸의 엄마로 살고 있습니다. 어쩌면 엄마의 길을 딸보다 먼저 살아보고 있습니다. 30년 엄마로서의 삶을 중간 정산하는 의미로 제게 물음을 던져봅니다.

"넌, 다시 태어나도 엄마로 살래?"

"그럼요. 그러고말고요!"

1초의 망설임도 없이 바로 답이 나옵니다.

조금 더 세월 지나 엄마경력이 더해지면 그때는 어떤 대답이 나올까요? 지금 느낌으로는 더 자신 있게 말할 수 있을 것 같습니다. '엄마'라는 이름. 이 자리! 어떻게 한 마디로 표현해 낼 수 있는 정의가 결코 아니기 때문입니다. 산고(産苦) 너머의 그 뭉클한 것이 있습니다. 뭐라 표현할 수 없는! 그 심오한 역할을 감당하며 살아갈 수 있게 '엄마'라는 자리를 허락해 준 건 행운이자 축복입니다. 제 딸도 그 복을 누리고 살게 되었으니, 지금 엄마로 살고 있으니 그냥 감사할 수밖에요!

딸에게 조심스레 물어봅니다.

"딸아, 엄마 되어보니 괜찮지? 앞으로도 더 괜찮겠지?"

"그 대답, 엄마가 될 세상의 모든 엄마들에게 우리 딸이 들려주면 안 되겠니?"

추천사

친정엄마는 별명이 '울보'였습니다. 울며불며 동네를 누비고 다녔기 때문이지요. 머리는 산발을 하고, 신발은 짝짝이로 신은 채 울고 다녔답니다. 할머니(시어머니)에게 저를 맡겨두고 장사를 오픈한 첫 날, 할머니는 저를 잃어버리셨습니다. 동네를 샅샅이 뒤지던 할머니는 엄마에게 전화를 하셨습니다. 엄마는 이제 막 시작한 가게 문을 활짝 열어둔 채 뛰어나가셨습니다. 그 후로도 제가 잠깐이라도 보이지 않으면 울며불며 찾아다니신 통에 엄마 별명이 '울보'가 된 것입니다.

지금에야 우스갯소리로 할 수 있지만 울보엄마가 얼마나 답답했는지 모릅니다. 늘 불안해하며 못 미더워하는 엄마가 답답하고 원망스러웠습니다. 엄마의 그늘을 벗어나기 위해 직장을 가능한 멀리 선택했습니다. 결혼도 성급하게 결정하고 말았습니다. 그만큼 절실했던 거죠.

큰 아이를 낳고서 우연히 듣게 되었습니다. 두 아이를 뱃속에서 잃고 셋째마저 잃게 될까 결단을 하신 것을요. 8개월이 넘긴 2kg이 되지 않는 아이를 억지로 꺼냈습니다. 의사가 살아나면 기적이라고 했던 아이가 바로 저입니다. 늘 원망했던 엄마의 애달픈 사정을 엄마가 되고서야 알게 되었습니다. 아픔을 가슴에 묻고 얼마나 고군분투 하셨을까요. 하지만 표현하지 못했습니다. 저 역시 서툰 엄마노릇을 하느라 숨이 막힐 지경이었기 때문입니다.

≪서툰 엄마: 육아에 서툴고 살림에 서툰 이 시대의 딸들에게≫가 서툰 두 엄마를 공감해줍니다. 위로해주고 다리가 되어줍니다. 그리고 이야기 합니다. 서툴렀던 서로의 마음을 읽어주고 표현하도록.

"그동안 얼마나 힘드셨나요."
"정말로 최선을 다하신 당신인데 얼마나 서운하셨나요."
"이 만큼 키워주셔서 감사합니다."
"엄마는 최고였어요."

부끄럽지만 털어놓았습니다. 엄마와 나는 울었습니다. 흐르는 눈물에는 원망도 서운함도 없습니다. 따뜻한 공감이 주는 감동의 그것입니다. 비로소 '엄마'라는 단어의 무게와 부피와 질량을 온 몸으로 이해합니다. 엄마라는 이름표를 나란히 달고 서툴지만 꿋꿋하게 나아갑니다. 때론 동반자처럼, 때론 경쟁자처럼.

두 엄마가 걷는 길. 옥복녀 선생님이 속삭입니다.
"괜찮아. 엄마 되어도!"

서툰 엄마에게 상처 입었던 당신, 아이에게 상처를 주었던 서툰 엄마인 당신, 하루하루 육아와 살림으로 고군분투하는 모든 서툰 엄마에게 이 책을 권합니다. ≪서툰 엄마≫가 때론 당신의 또 다른 친정엄마가 되어 위로합니다. 때론 다리가 되어 서툰 당신들을 이어줍니다. 또 다른 친정엄마, 서툰 엄마를 만나 진정한 엄마로 성장해 나아가길 바랍니다.

−북셰프맘(황수빈, 30대), 두 아이의 엄마